学べるクイズ366日

陰山ラボ代表
陰山英男 監修

西東社

ブロックを積み上げるように

　みなさんは、学校の勉強は好きですか？
　勉強よりマイクラをしていたい、というのがもしかしたら本音かもしれませんね。みなさんが大好きなマインクラフトのおもしろさの1つは、ブロックでなんでも自由につくれるところでしょう？　じつは、学校の勉強も似たところがあるんじゃないかな、とぼくは思います。小学校で教わることは、あらゆることのきほん、といっていいでしょう。そのきほんを自由に組み立てていくことで、なんでも自由に発想できたり、新しい価値を生み出したり、おもしろい装置がつくれたりするのです。

　この本には、1年生から6年生までに学習するあらゆる教科のクイズが366日分収録されています。ぜんぶマイクラに関係するクイズなので、楽しくできるんじゃないかな、と思います。こんなのかんたんすぎる、と思うかもしれませんが、まずは1日目から順番に解いていきましょう。かんたんだ、と思うクイズを解くことは、じつはとっても大切なことです。すべてのクイズにクリアのもくひょうタイムがついているので、この時間内にクリアを目指してください。正確に解くのも大事ですが、すばやく解くというのも大切なポイントです。

　勉強は、つらい積み重ねではなく、本当はマイクラでブロックを積んでいくように、わくわく楽しいものです。この本が、「勉強って意外におもしろいかも？」と思うきっかけになったら、これ以上うれしいことはありません。

陰山英男

もくじ

ブロックを積み上げるように ……………………… 2

すいすい身につく! 学べるクイズ攻略法 …… 6

この本の使い方 ……………………………………… 8

レベル 1 1日目〜55日目 ……… 9〜47

算数 国語 生活

レベル1　こたえ ……………………………………… 48

頭がよくなるパズル 1　なかまはずれはどれ? ……… 53

レベル 2 56日目〜110日目 ……… 57〜95

算数 国語 生活

レベル2　こたえ ……………………………………… 96

頭がよくなるパズル 2

ならべかえストーリー ……………………………… 101

レベル 3 : 111日目〜173日目 …… 105〜155

算数 国語 理科 社会 英語

レベル3　こたえ …………………………………… 156
頭がよくなるパズル ❸　漢字クラフト …………… 163

レベル 4 : 174日目〜236日目 …… 167〜217

算数 国語 理科 社会 英語

レベル4　こたえ …………………………………… 218
頭がよくなるパズル ❹　シーンを表す言葉は？ … 225

レベル 5 : 237日目〜299日目 …… 229〜285

算数 国語 理科 社会 英語

レベル5　こたえ …………………………………… 286
頭がよくなるパズル ❺　使わないブロックは？ … 293

レベル 6 : 300日目〜366日目 …… 297〜355

算数 国語 理科 社会 英語

レベル6　こたえ …………………………………… 356
頭がよくなるパズル ❻　プログラミングのきほん教室 …… 363

5

学べるクイズ攻略法

この本を100％使いこなす方法を紹介するよ。
このとおりに進めてみると、頭がよくなっちゃうかも!?

攻略法1 ▶ 順番にクイズを解こう

この本にはたっぷり366問分の
クイズがのっているよ。
1日1問解くのもよし、解けるときに
どんどん解いてもOK！
でも、かならず1日目の問題から順番に解いてね。
こんなのかんたんすぎると思っても
すいすい解いていくことがとっても大事なんだ。

攻略法2 ▶ もくひょうタイム内でクリアしよう

クイズにはすべて、もくひょうタイムがついているよ。まずはこのタイム内でのクリアを目指そう。
一度クリアした問題でも、
もっともっとすばやくこたえられるように
何度もチャレンジしてみてね。

どんどん早くクリアできるようになろう！

攻略法 3 わからなかったらとばしてOK

もくひょうタイム内でクリアできずに
タイムオーバーしちゃったら、
その問題はいったん中止。
こたえを見てもいいから、
別のときにやりなおしてみてね。
クリアできないからってずーっと
考えこんじゃうのは、この本ではナシだよ。
すばやく楽しく解いていこうね。

> そのかわり……かならずあとでチャレンジ！

攻略法 4 友だちと出しあおう

1人でじっくりクイズを
クリアしていくのもいいけど、
おすすめは友だちと問題を
出しあうこと。
もくひょうタイムを
カウントダウンしながら
出しあってみてね。

この本の使い方

教科 — 学校で習ういろいろな教科の問題があるよ。

○日目 — 1日1問じっくり解いても、好きなだけ解いてもOK！選択問題は、選択肢の中からこたえを選ぼう。えんぴつなどで○をするとわかりやすいよ。回答欄のあるものは、こたえを書けば、くり返しチャレンジできるよ。ノートにこたえを書きこもう。

算数／国語／生活／理科／社会／英語

クリアした日 — もくひょうタイム内でクリアできたら日づけを記入！クリアしたあとも、また再チャレンジしてみてね。

もくひょう — この時間内にクリアをめざしてね。もし時間内にクリアできなかったら、別の日に再チャレンジしよう。

+αの攻略メモ — マインクラフトの攻略に役立つことが書いてあるよ！

レベル1

ほとんどが1年生の知識で解ける問題だよ。
まずは足し算や引き算、かんたんな漢字、
生活の知識などでウォーミングアップ！

▶ 石のブロックでめいろをつくったよ。
正しい道を通ると、どんな言葉ができるかな？

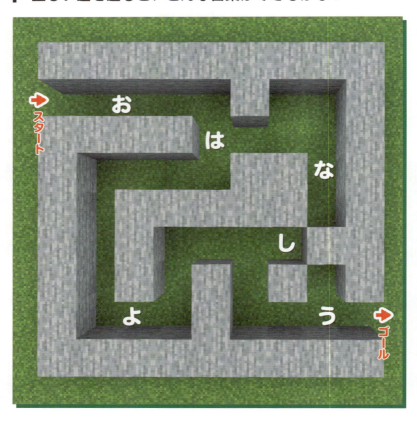

こたえ

 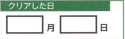

2日目 算数 もくひょう 15秒 クリアした日 ☐月☐日 レベル1

▶ プレイヤーの状態をゲージで確認しよう！
残っているゲージはそれぞれ何個かな？

 **防御力ゲージ**　　 **体力ゲージ**　　 **満腹度ゲージ**

こたえ

　　　個

こたえ

　　　個

こたえ

　　　個

3日目 算数 もくひょう 15秒 クリアした日 ☐月☐日

▶ いろいろなアイテムに加工できるダイヤモンド。
上下であわせて10個になるように線でつなごう。

こたえ　48ページ

4日目 算数

もくひょう ⏱ 10秒　クリアした日 ☐月 ☐日

▶ ヒツジがたくさんいるよ。
①ヒツジはぜんぶで何匹いるかな？　②そのうち、白色のヒツジは何匹いるかな？

❶ ぜんぶで　こたえ ☐匹　　❷ 白色は　こたえ ☐匹

5日目 国語

▶ マイクラでおなじみのつぎの5つの言葉をパズルの中から探して、〇で囲もう。

くわ	ねこ	れんが	ひつじ	たきび

く	れ	ん	が	よ
ね	ん	か	あ	た
こ	ひ	ろ	し	き
ら	つ	く	わ	び
と	じ	れ	ん	な

6日目 算数　もくひょう⏱10秒　クリアした日　□月□日

▶ マイクラに出てくる動物やモンスターなどのモブが1列にならんでいるよ。村人は前から何番目かな？

こたえ
□ 番目

7日目 算数　もくひょう⏱10秒　クリアした日　□月□日

▶ チェストにアイテムがたくさん保管されているよ。剣はぜんぶで何本あるかな？

こたえ
□ 本

+αの攻略メモ　ホグリンはネザーにのみすんでいるブタのような生きもの。地上につれてきて日光にあてると、数秒でゾンビホグリンになっちゃう。

8日目 生活

もくひょう 10秒

レベル 1

▶ 魚やイカはどんなところにいるかな？

いろいろな種類の生きものがいるね！探してみよう

A 森　**B** 砂漠　**C** 海

▶ 文字が消えてしまっているよ。
①、②にひらがなを入れて言葉を完成させよう。

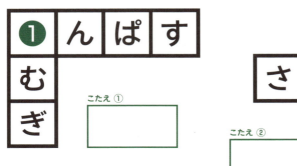 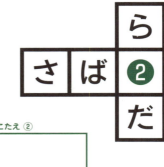

①	ん	ぱ	す
む			
ぎ			

こたえ ①

		ら
さ	ば	②
		だ

こたえ ②

▶ おなじみのアイテムでしりとりをしよう。
①、②に入るものをつぎの3つから探して、しりとりを完成させてね。

| 石のツルハシ | エンダーアイ | アイアンゴーレム |

① → ② → シカツノサンゴ

算数

もくひょう ⏱15秒　クリアした日 ☐月 ☐日

▶ ウシとブタがあつまってきたよ。
ウシの数が多いのはAとBのどちらのエリアかな？

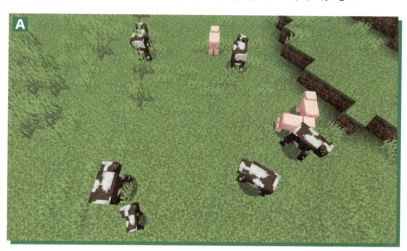

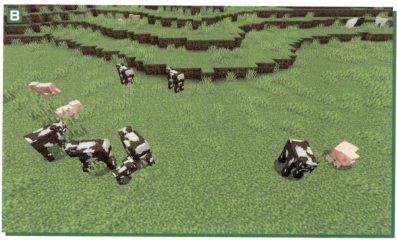

こたえ　48〜49ページ

12日目 国語 もくひょう 10秒

▶「アレックス（　　）、村（　　）発見した」
（　　）に入る正しいひらがなはどれかな？

A わ / お

B は / へ

C は / を

13日目 算数 もくひょう 15秒

▶ 夜がくる前にベッドをつくってならべたよ。
① 黄色のベッドは右から何番目かな？
② 青色のベッドは左から何番目と何番目かな？

こたえ ①　　　　番目

こたえ ②　　　　番目と　　　　番目

14日目 算数

もくひょう ⏱10秒　クリアした日 　月　日

レベル1

▶ ゾンビの顔がバラバラだ！　ア〜エのどれとどれを組みあわせるとゾンビの顔になるかな？

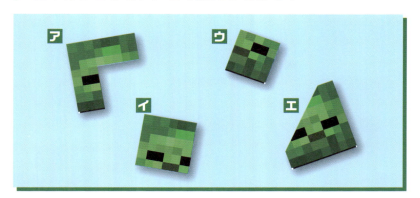

15日目 国語

もくひょう ⏱20秒　クリアした日 　月　日

▶ 下の作業台の中にあるカタカナを組みあわせると、モブの名前ができるよ。A〜Cのどれかな？使わない文字もあるよ。

作業台

ト	ハ	゛
ホ	゛	ヒ
ク	ン	゛

ぜんぶマイクラに出てくるモブだね……

A ゾンビ
B ボグド
C ハスク

こたえ　49ページ

算数

⏱ 10秒　クリアした日 ☐月 ☐日

▶ 4種類のブロックでかべをつくったよ。
上から2段目で左から4番目のブロックはどれかな？

A 　**B** 　**C** 　**D**

17日目 国語

もくひょう ⏱15秒　クリアした日　月　日　レベル1

▶ マイクラクロスワードをつくったよ。
①、②、③には何が入るかな？

```
        ク
        オ
モ ン ス タ ②
  ①      ツ ③ ハ シ
  ダ
  ー
  ド
  ラ
  ゴ
  ン
```

こたえ ①　　こたえ ②　　こたえ ③

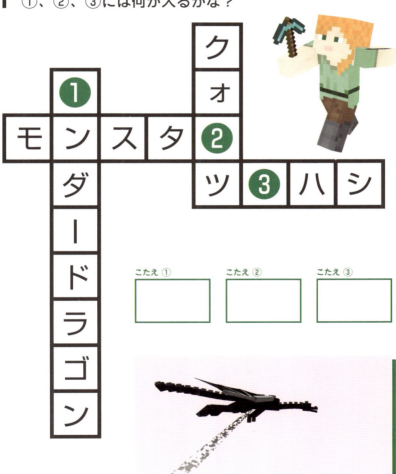

算　数　⏱20秒　クリアした日 ☐月☐日

▶ ピンク、赤、黄、白の花があるよ。数がいちばん多い色の花と数がいちばん少ない色の花をあわせると何本かな？

こたえ
本

 算　数　⏱10秒　クリアした日 ☐月☐日

▶ ある順番でTNTとダイヤモンドブロックがならんでいるよ。？に入るのは、TNTとダイヤモンドブロックのどちらかな？

こたえ

20日目 国語 レベル1

もくひょう ⏱30秒　クリアした日　月　日

▶ マイクラでおなじみのつぎの5つの言葉をパズルの中から探して、○で囲もう。

| ウサギ | リンゴ | ブーツ | ゾンビ | コウモリ |

  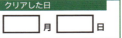

ク	ゾ	リ	ン	ゴ
オ	ン	ガ	ン	ウ
ウ	ビ	ブ	ー	ツ
サ	コ	ウ	モ	リ
ギ	ム	ツ	ビ	ト

こたえ 49ページ

21日目 生活

もくひょう ⏱10秒　クリアした日 ☐月☐日

▶ 小麦からパンがつくれるよ。
小麦の数を増やすには、小麦の種を何があるところにまいたらいいかな？

水も必要だね

A 雪　B 溶岩　C 土

＋αの攻略メモ　パンはつくりやすさから、いちばん使う食料になりやすい。でも回復量はステーキのほうが上なので、ウシ2頭をつかまえたら小麦でウシを繁殖させるのがおすすめ。

▶ ブロックを2つこわすとかたいものになるよ。どのブロックをこわすといいかな？

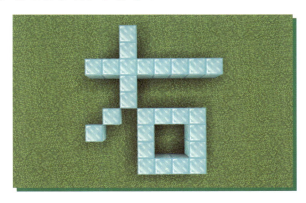

▶ 原木ブロックを積み上げて、たてもよこもおなじ長さの形にするよ。原木ブロックはあと何個必要かな？

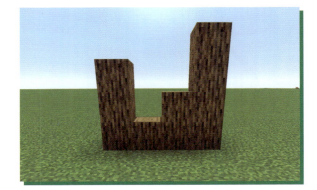

こたえ

個

▶ 石のブロックをならべて漢字をつくったよ。
さて、「め」はどれかな？

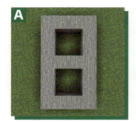 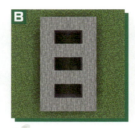 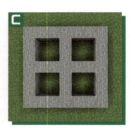

ほかの漢字の読みもわかるかな？

▶ 小麦を持っていたらウシが近づいてきたので育てることにしたよ。ウシからとれる飲みものは何かな？

こたえ

+αの攻略メモ　ウシに小麦を見せると寄ってくるよ。これを誘導アイテムといって、多くの動物は繁殖させるためのアイテムを見せると寄ってくるんだ。

▶ ウシを繁殖させたいので柵の中に足したよ。
？に入るのはA 〜 Cのうちどれかな？

 + ? =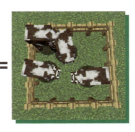

A 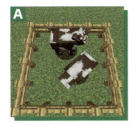 **B** 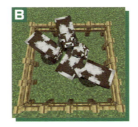 **C**

ウシの数を数字に置きかえて考えてみよう！

こたえ　50ページ

27日目 算数

⏱ 10秒　クリアした日　□月□日

▶ ブロックを積んだので後ろからも見てみたよ。
ま後ろから見ると、どう見えたかな？

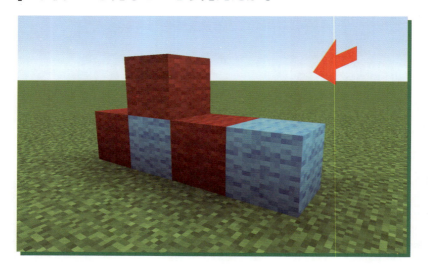

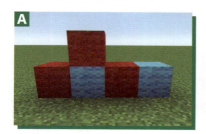

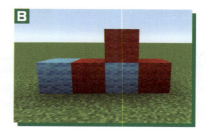

+αの攻略メモ　羊毛は染料とクラフトすることで、色をつけられる。

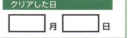

▶ 石のブロックで漢字をつくったよ。
どの漢字がいちばん画数が多いかな？

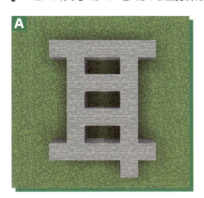
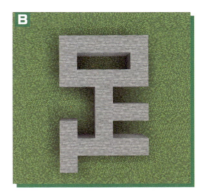
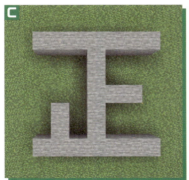

指でなぞって書きながら考えてみよう！

こたえ　50ページ

算 数　⏱30秒　クリアした日 □月 □日

▶ 落とし穴をつくったよ。ゾンビがA〜Dの順に矢印の方向に進むと、③に落ちるのはどのゾンビかな？

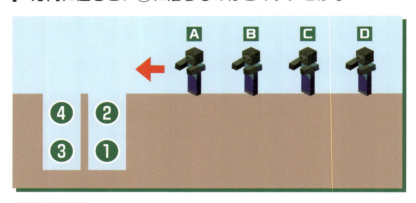

 国 語　⏱10秒　クリアした日 □月 □日

▶ 反対の意味の漢字をこたえよう。

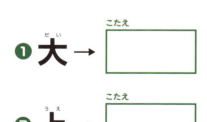

❶ 大 → こたえ □

❷ 上 → こたえ □

▶ このブロックを右側から見ると、どう見えるかな？

立体をよく
イメージしてみて

こたえ　50ページ

▶「数」に関係のある漢字のブロックを○、「色」に関係のある漢字のブロックを△、「生きもの」に関係のある漢字のブロックを□で囲もう。

▶ ランタン、ジャック・オ・ランタンを交互にならべたとき、11番目にくるのはどちらかな？

ランタン ジャック・オ・ランタン

こたえ

▶ 漢字が消えてしまったよ。
?に入る漢字を選んで言葉を完成させよう。

A 山　B 月　C 花

こたえ　50〜51ページ

35日目 算数 ⏱20秒 クリアした日 □月□日

▶ レコードをあつめたよ。
上下であわせて15枚になるように線でつなごう。

36日目 国語 ⏱10秒 クリアした日 □月□日

▶ 「木」が3本あつまると、どんな漢字になるかな？

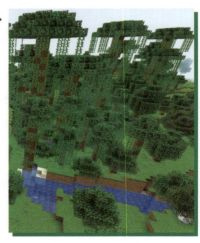

こたえ

▶ 石のブロックでいろいろな形をつくったよ。いちばんブロックが多い形はどれかな？

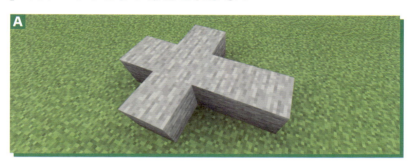

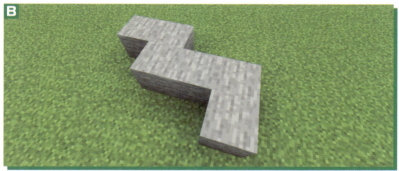

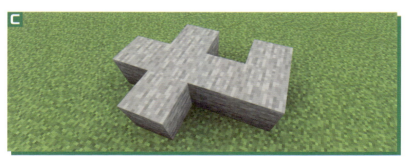

38日目 算数

もくひょう 10秒

▶ 原木1個から板材が4個つくれるよ。
原木が4個あると、板材は何個つくれるかな？

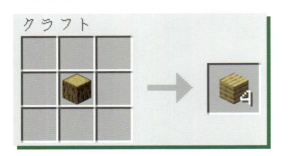

こたえ　　　個

39日目 国語

もくひょう 10秒

▶ 漢字が消えてしまったよ。
？に入る漢字を選んで言葉を完成させよう。

A 中　B 本　C 文

+αの攻略メモ：マインクラフトのアイテム名はしばしば変わっている。板材は以前は木材と呼ばれていたよ。古い情報を見ると名前がちがうことが多くて混乱しちゃうね。

40日目 算数

もくひょう ⏱ 20秒　クリアした日 ☐月 ☐日

▶ クリーパーを2体たおしたら、さらにクリーパーが3体やってきて8体になったよ。
はじめにいたクリーパーは何体かな？

こたえ ☐ 体

41日目 生活

もくひょう ⏱ 10秒　クリアした日 ☐月 ☐日

▶ シロクマがいるね。
現実の世界でシロクマにエサをあげるとしたらどれかな？

A
B
C
D

こたえ 51ページ

算数

もくひょう ⏱ 20秒　クリアした日 □月□日

▶ ブロックを積み上げていろいろな形をつくったよ。
ブロックがいちばん多いのはどれかな？

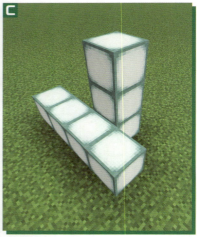

▶ ①、②、③にあてはまる言葉はどれかな？

A はく　**B** きる　**C** つける

うわぎを ① 。

ズボンを ② 。

なふだを ③ 。

▶ ㋐㋑㋒がぜんぶなりたつとき、ゾンビがいるのはA〜Cのどこかな？

㋐ゾンビはパンダより左側にいる。
㋑ウシはゾンビのすぐとなりにいる。
㋒オオカミのとなりはウシ。

45日目 算数　もくひょう ⏱10秒　クリアした日　月　日

▶ 原木を13個もっていたけれど、何個か使ったら6個になったよ。使った原木は何個かな？

こたえ　　個

46日目 算数　もくひょう ⏱20秒　クリアした日　月　日

▶ パンを1個つくるために小麦は3個必要だよ。小麦を10個もっていて、パンを2個つくったら、小麦は何個残るかな？

こたえ　　個

小麦の種をまいて、育てて収穫すれば小麦1個と種を最大3個ドロップするよ。パンは満腹度を5も回復できるので、ゲームを開始したらまずは小麦畑をつくろう。

▶ その年を表す縁起のよい動物を「十二支」というよ。絵の中から十二支に入っている動物を探して〇をつけよう。

【十二支】

ねずみ → うし → とら → うさぎ → たつ → へび →
うま → ひつじ → さる → とり → いぬ → いのしし

48日目 算数

もくひょう ⏱15秒　クリアした日 ☐月☐日

▶ 畑でジャガイモを15個収穫したよ。
2人でおなじ数ずつ分けると何個あまるかな？

こたえ ☐個

49日目 国語

もくひょう ⏱10秒　クリアした日 ☐月☐日

▶ 組になるように、左右の言葉を線でつなごう。

かまどで　・　　　・くむ

トロッコに　・　　　・のる

みずを　・　　　・やく

42　+αの攻略メモ　空のバケツを水に使うことで水をアイテム化してもち運べるよ。でもマイクラの生きものは水を飲まないから、そこまで重要ではないかも。

算数

もくひょう ⏱ **20**秒

▶ おなじ大きさの牧場を3つつくったけど、動物を増やしすぎた。
いちばんこんでいる牧場の枠を広げようと思うけど、どの牧場がいちばんこんでいるかな？

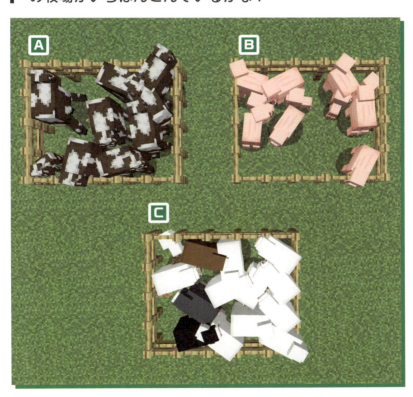

こたえ　52ページ

51日目 生活

もくひょう ⏱10秒　クリアした日　　月　　日

▶ 土をたがやすために道具をつくりたいよ。どの道具をクラフトするとたがやすことができるかな？

A 斧

B クワ

C ハサミ

D 釣り竿

> 先の形がヒントになるかも!?

＋αの攻略メモ　マイクラのハサミはハサミらしくない形だけど、おそらくはU字型の和バサミをイメージしたアイコンっぽいね。

▶ レールをつくったよ。
どのレールがいちばん長いかな？

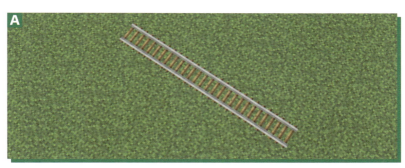

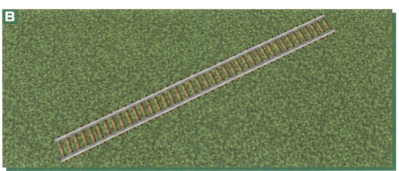

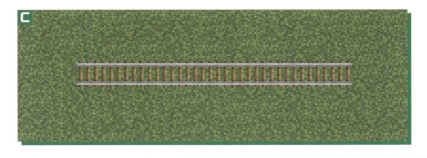

こたえ　52ページ

53日目 国語

▶ 羊毛を使って、漢字で言葉をつくったけどクリーパーの爆発でくずれてしまったよ。
くずれてしまった漢字の言葉の読みは？

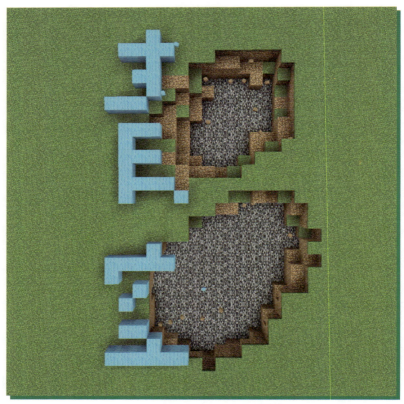

こたえ

54日目 算数

もくひょう ⏱ 15秒　クリアした日 　月　 日

レベル 1

▶ 満腹度ゲージが減ってしまったよ。キノコシチューを1個食べると満腹度ゲージは3個分回復するよ。満タンにするにはキノコシチューを何個食べる必要があるかな？

こたえ
　　　個

55日目 算数

もくひょう ⏱ 30秒　クリアした日 　月　 日

▶ 木の棒が6本、石炭が9個あるよ。木の棒と石炭をあわせて5つ使ったら、残りがおなじ数ずつになったよ。石炭は何個使ったかな？

A 4個

B 2個

C 1個

こたえ　52ページ

レベル1 こたえ

1日目 ▶P10
おはよう
正しい道を通ると「おはよう」という言葉ができるね。

2日目 ▶P11
防御力ゲージ：3個
体力ゲージ：7個
満腹度ゲージ：4個

3日目 ▶P11

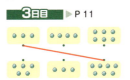

4日目 ▶P12
①ぜんぶで11匹
②白色は2匹

5日目 ▶P13

6日目 ▶P14
4番目
村人は前から4番目だね。

7日目 ▶P14
3本
形の似ているアイテムに気をつけよう。剣は3本あるね。

8日目 ▶P15
C（海）
魚やイカは海にすんでいるね。

9日目 ▶P16
①こ
②く
①に「こ」が入ると「こんぱす」と「こむぎ」、②に「く」が入ると「さばく」と「らくだ」になるよ。

10日目 ▶P16
①エンダーアイ
②石のツルハシ
まずは②に入るものから考えよう。②に入るのは「し」で終わるものだから「石のツルハシ」だよ。「石のツルハシ」につながるものは「い」で終わるものだから、①に入るのは「エンダーアイ」になるね。

11日目 ▶ P17
B
それぞれのエリアのウシの数を数えると、Aは6頭、Bは7頭だから、多いのはBのエリアだね。

12日目 ▶ P18
C（は／を）
「アレックス（は）、村（を）発見した」という文章が正しいね。

13日目 ▶ P18
①5番目
②3番目と6番目
右と左をまちがえないように数えよう。色にも注意してね。

14日目 ▶ P19
ア／ウ

15日目 ▶ P19
B（ボグド）
「ボグド」の文字ができるね。

16日目 ▶ P20

A

17日目 ▶ P21
①エ
②ー
③ル
できる言葉はそれぞれ、「モンスター」「エンダードラゴン」「クォーツ」「ツルハシ」だよ。

18日目 ▶ P22
10本
数がいちばん多い花の色は赤色で7本あるね。いちばん数が少ない花の色は白色で3本あるから、あわせると10本になるよ。

19日目 ▶ P22
ダイヤモンドブロック
TNTのあとにダイヤモンドブロックが2つならんでいるね。

20日目 ▶ P23

21日目 ▶ P24
C（土）
小麦を育てるには土が必要だよ。土があるところに種をまこう。

22日目 ▶P25

○部分をこわすと、かたい「石」という漢字になるね。

23日目 ▶P25
6個

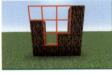

24日目 ▶P26
B（目）

「日」は「ひ」、「田」は「た」と読むね。

25日目 ▶P26
牛乳（ミルク）

ウシからは牛乳（ミルク）がとれるよ。

26日目 ▶P27
C
式）**1+3=4**

27日目 ▶P28
B

28日目 ▶P29
B（足）

「足」は7画、「耳」は6画、「正」は5画だね。

29日目 ▶P30
C

①にA、②にBのゾンビが落ちるから③に落ちるのはCのゾンビ。

30日目 ▶P30
①小
②下

「大」は大きいという意味だから、小さいという意味の「小」が入るよ。「上」の反対は「下」だね。

31日目 ▶P31
C

32日目 ▶P32

33日目 ▶P33
ランタン

交互にならべると11番目はランタンになるよ。

34日目 ▶ P33
C（花）
「花」を入れると、花見と花火という言葉ができるね。

35日目 ▶ P34

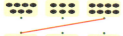

36日目 ▶ P34
森
「木」が3本で「森」になるよ。

37日目 ▶ P35
C

AとBは6個のブロック、Cは7個のブロックでつくられているね。

38日目 ▶ P36
16個
式）**4＋4＋4＋4＝16**

39日目 ▶ P36
B（本）
「本」を入れると、日本と本気という言葉ができるね。

40日目 ▶ P37
7体　式）**2＋8－3＝7**

41日目 ▶ P37
B

シロクマは、アザラシやペンギンのほかに魚も食べるよ。

42日目 ▶ P38
B

Aは6個のブロック、Bは8個のブロック、Cは7個のブロック。

43日目 ▶ P39
①B（きる）　②A（はく）
③C（つける）
うわぎを「きる」、ズボンを「はく」、なふだを「つける」というね。

44日目 ▶ P39
B
㋐から順番に考えてみよう。ゾンビがパンダより左側にいるからCはちがう。㋑はAもBもあてはまる。㋒はAの位置にゾンビが入るとなりたたないからこたえはBだね。

45日目 ▶ P40
7個
式）**13－6=7**

46日目 ▶P40
4個
式) **3+3=6**
　　10−6=4

47日目 ▶P41

**ウシ
ウサギ
ウマ
ヒツジ**

48日目 ▶P42
1個
式) **7+7=14**
　　15−14=1
1個ずつ分けていくと、7個ずつくばれて、1個あまるね。

49日目 ▶P42

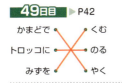

50日目 ▶P43
C
Aはウシが9頭、Bはブタが11匹、Cはヒツジが15匹いるね。

いちばん数が多い牧場がこんでいるから、こたえはCだよ。

51日目 ▶P44
B（クワ）
土をたがやす道具はクワだね。

52日目 ▶P45
B

53日目 ▶P46
あおぞら

54日目 ▶P47
2個
式) **10−4=6**
　　3+3=6
満腹度ゲージを満タンにするには、6個回復する必要があるね。キノコシチューを1個食べると満腹度ゲージが3個回復。残りがあと3個だから、キノコシチューをもう1個食べると満タンになるね。

55日目 ▶P47
A（4個）
式) **9−6=3**
　　5−3=2
　　3+1=4
石炭は木の棒より3個多いから、使った5つのうち3個は石炭になる。残り2個だから石炭と木の棒を1つずつ使えばおなじ数になるね。

頭がよくなるパズル ①
なかまはずれはどれ？

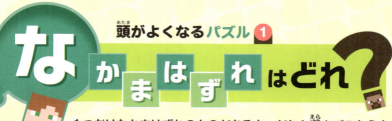

1つだけなかまはずれのものがあるよ。どれか選んでこたえよう。7問目～10問目はマイクラの知識問題だよ。

Q1

ハチ　オウム　カメ
ヒツジ　ニンジン

Q2

チューリップ
ポピー
パン

Q3

剣
弓
ヘルメット

Q4

Q5

Q9 マイクラ問題

 パン

 クッキー

 ケーキ

 パンプキンパイ

ヒント 材料はなんだろう……？

Q10 マイクラ問題

 矢細工台（やざいくだい）

 砥石（といし）

 ドロッパー

 コンポスター

ヒント 村人に関係あるかもしれない

こたえ

- **Q1 ニンジン** — ニンジンは野菜。ほかは動物から作られるよ。
- **Q2 パン** — パンはむぎ2つの植物からできって、人が加工してつくった食料品。
- **Q3 ヘルメット** — それは防具、ほかは武器だよ。
- **Q4 カエル** — カエルだけが両生類で、ほかは魚類。
- **Q5 ボカシ** — ボカシは種のとき使う容器や食器だよ。ほかは食べ物だね。
- **Q6 パイ** — パイだけは乳製品だよ。
- **Q7 レッドストーン** — レッドストーンは建築に使えない鉱物だね。
- **Q8 イルカ** — イルカだけ、海に出てくるね。
- **Q9 パンプキンパイ** — クラフトするときに卵を使わない。
- **Q10 ドロッパー** — ほかはみんな職業ブロックだね。

レベル 2

算数 国語 生活

ほとんどが2年生の知識で解ける問題だよ。かけ算や言葉、漢字など、おもしろい問題がいっぱい！

▶ (スイカ) → (ケーキ) → (金のリンゴ) の順に進んで、ゴールまでたどりつこう！

スタート

ゴール

57日目 算数 ⏱15秒

▶ サケ、フグ、タラがたくさんいるよ。
フグよりも2匹少ないのは、サケとタラのどちらかな？

こたえ

▶ ①〜③にはようすを表す言葉が入るよ。
ふさわしい表現をア〜ウから選ぼう。

ア ぎらぎら　**イ** きらきら　**ウ** さらさら

光源のエンドロッドが
（　❶　）と
かがやいている。

太陽が（　❷　）と
てりつける。

川が（　❸　）と流れる。

音や動き、状態などのようすを
言葉で表現したものを
オノマトペというよ

+αの攻略メモ　光源や装飾として使われるエンドロッドは発光していて、明るさは松明とおなじ14だよ。

▶ ブロックであみだくじをつくったよ。スタートから出発してゴールにたどりつくためには、A〜Eのブロックを1つだけこわす必要があるんだ。
どれをこわしたらいいかな？

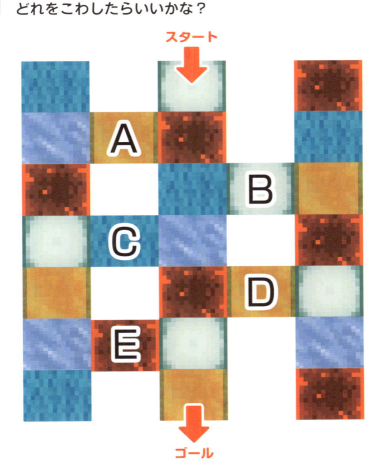

60日目 算数

もくひょう 15秒

▶ ①と②のクリーパーに0〜9の数のうちどれか1つを入れて、正しいひっ算を完成させよう。

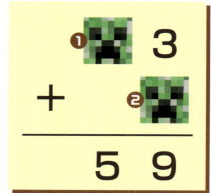

こたえ
① ___ ② ___

61日目 国語

もくひょう 10秒

▶ 「ハスク（　）見つかってしまったアレックス（　）、いそいでにげた」
（　）に入る正しいひらがなはどれかな？

A に／を

B を／が

C に／は

ハスク

+α の攻略メモ　ハスクの5％は子どもハスクとしてスポーンするよ。大人のハスクをたおしたときの経験値は5だけど、子どもハスクはすばやいぶん高くなっているのか、12ももらえるんだ。

  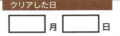

▶ 石のブロックで「じぶん」の「じ」の漢字をつくったよ。正しいのはどれかな？

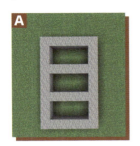
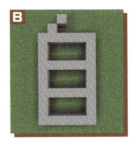

▶ ①と②のクリーパーに０〜９の数のうちどれか１つを入れて、正しいひっ算を完成させよう。

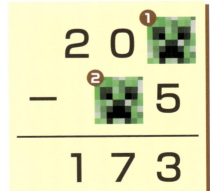

こたえ
❶　　　❷

64日目 生活 　もくひょう ⏱10秒　クリアした日 ☐月 ☐日

▶ A〜Cのうち、現実では夏にさく花はどれかな？

A チューリップ

B スイセン

C ヒマワリ

65日目 算数 　もくひょう ⏱15秒　クリアした日 ☐月 ☐日

▶ 村人は午後9時に寝て、午前6時に起きたよ。何時間寝たことになるかな？

こたえ　　　　　時間

＋αの攻略メモ　マイクラのヒマワリは常に東を向くよ。プレイヤーが植えた場合でも東を向くので、持ち歩けば方角がわかるようになるね。

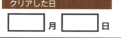

66日目 算数

▶ ネコは2匹ずつ、ニワトリは3羽ずつ〇で囲んで、数を数えてみよう。

レベル 2

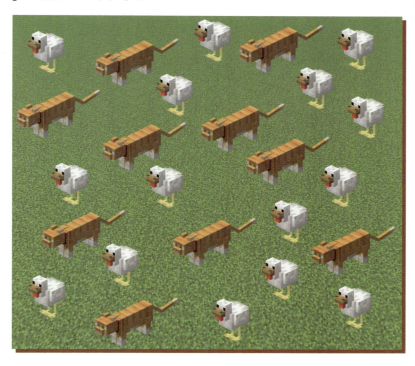

ネコ 2匹が 組　ぜんぶで 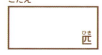 匹

ニワトリ 3羽が 組　ぜんぶで 羽

こたえ　96ページ

67日目 国語

もくひょう 30秒

▶ 絵の中からカタカナで書くものを3つ探して□の中にカタカナで書いてみよう。

- ちゅーりっぷ
- かまど
- きんのおの
- くっきー
- ゆみ
- がらす

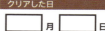

68日目 算数

▶ 枠組みをつくったよ。上から見たとき、長方形は何個あるかな？

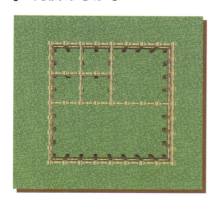

こたえ

　　　　個

69日目 算数

▶ マイクラのブロックは1辺1mの「立方体」がきほんだよ。
立方体の面の形はどれかな？

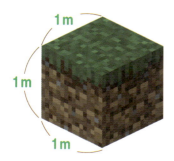

A 長方形

B 丸

C 正方形

▶ ①、②に入れるのにふさわしい言葉をア〜ウから選ぼう。

ア しかし **イ** なぜなら **ウ** だから

アレックスはボートをつくりたい。
（ ❶ ）がんばって素材をあつめた。

アレックスは感動している。
（ ❷ ）はじめてボートに乗ることができたからだ。

▶ 金をたて1列に足しても、よこ1列に足しても、ななめに足してもおなじ数になるように分けたよ。
？に入るのはどれかな？

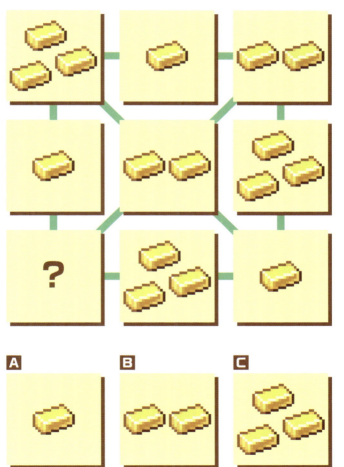

72日目　国語　もくひょう 15秒　クリアした日　月　日

▶ 作業台に4つの漢字が入っているよ。真ん中に漢字を入れたら二字熟語が4つクラフトできる。どの漢字が入るかな？

A 書
B 日
C 上

1つずつあてはめてみよう

73日目　算数　もくひょう 10秒　クリアした日　月　日

▶ マイクラのブロックは「立方体」だね。立方体には頂点が何個あるかな？

A 6個
B 8個
C 12個

▶ 原木ブロックを矢印のように転がしたとき、ブロックの向きはA、B、Cのどれになる？

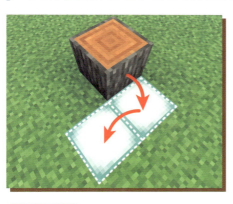

▶ 左右の言葉を線でつないで、体のようすを表す言葉をつくろう。

この口もヒントだよ

耳を・　　・くむ

うでを・　　・すます

口を・　　・あける

76日目 生活 もくひょう ⏱20秒 クリアした日 [ ]月[ ]日

▶ アレックスはニンジンを育てることにしたよ。どの手順が正しいかな？ ア～エをならべかえよう。

ア 発芽

イ 成長

ウ 畑の準備

エ 収穫

こたえ

[ ] → [ ] → [ ] → [ ]

+αの攻略メモ　ニンジンは金塊とのクラフトで金のニンジンになる。醸造で多量に消費するので取引を使うのがおすすめ。達人までレベルを上げると、金のニンジンかかがやくスイカが追加される。

算数

▶ ニンジンがたくさん収穫できたよ。10本ずつ囲んで、数を数えよう。

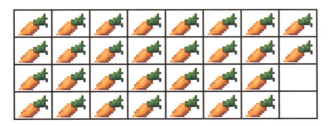

ニンジン10本が 組　　ぜんぶで 本

   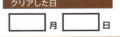

▶ 石のブロックでつくられた漢字がくずれてしまったよ。きちんとくっつけるとどんな言葉ができるかな？

A 合計

B 計算

C 時計

79日目 算数

もくひょう ⏱30秒　クリアした日　月　日

▶ A〜Cをスタートして、あみだくじのルールで進むよ。ゴールまでの数字を足していくと、いちばん大きくなるのはA〜Cのどれかな？

スタート
⬇

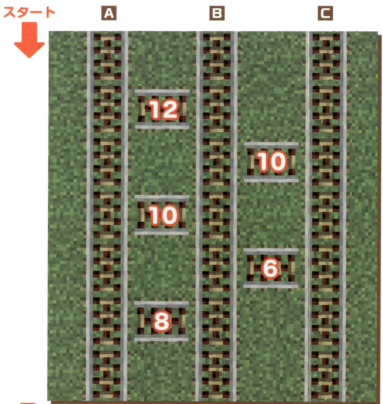

▶「ぼくはクリーパーの爆発にびっくりした」
この文の主語はどれかな？

レベル2

A ぼくは

B クリーパーの

C びっくりした

▶ 1秒で8m走るトロッコがあるよ。このトロッコに乗ると6秒で何m進むことができるかな？

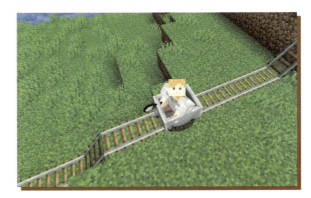

こたえ
□ m

こたえ　98ページ

82日目 生活 ⏱もくひょう 10秒　クリアした日 　月　日

▶ マイクラで郵便ポストをつくったよ。
ポストにはどんな役割があるかな？

A 手紙やはがきを送るときに入れるもの

B 手紙やはがきをしまうもの

C 手紙やはがきを書くもの

83日目 国語 ⏱もくひょう 15秒　クリアした日 　月　日

▶ （　　）に漢字の読み方を、□に送りがなを書こう。

HPはヒットポイントの略でキャラクターの体力のことだよ

❶ ボートで川を 下（　）□。

❷ 台から荷物を 下（　）□。

❸ HPが 下（　）□。

+αの攻略メモ　海にはしばしばマグマが露出しているけど、そこから出ている気泡にボートがぶつかるとゆれて乗員が放り出されちゃう。

▶ ゾンビ、クモ、スケルトンを数えて、多い順にならべてみよう。

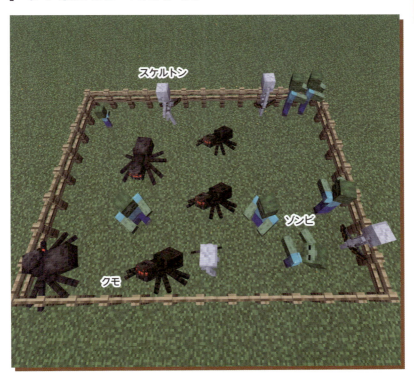

いちばん多い	つぎに多い	いちばん少ない
>	>	

85日目 国語

▶ 作業台に4つの漢字が入っているよ。真ん中に漢字を入れたら二字熟語が4つクラフトできるよ。どの漢字が入るかな？

A 外
B 内
C 道

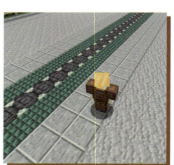

86日目 算数

▶ ブレイズが9体あらわれたぞ！ ブレイズをたおすためには、1体につき矢が2本必要だけど、もっている矢は8本。矢はあと何本必要かな？

こたえ

本

87日目 算数

もくひょう ⏱ 20秒

▶ あつめた鉱石が積まれているよ。
多いのはA、Bどちらかな?

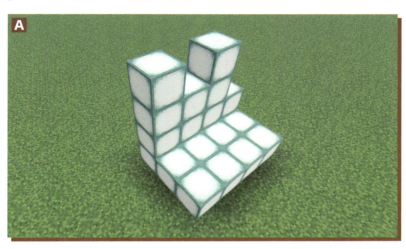

ブロックはすき間なく積まれているよ

こたえ 98ページ

▶「ハスクにたおされてしまったアレックス。
また一からやり直しだ……。
気もちを切りかえてアイテムを回収しに行ったけれど、
時間がたってしまったからアイテムはなくなっていた」
さて、アイテムはどうしてなくなったのかな？

文章をしっかりと読み取ろう！

A ハスクにたおされたから

B 時間がたってしまったから

C アイテムを回収したから

89日目 算数　もくひょう 30秒　クリアした日　月　日

▶ マイクラでは原木1個から板材が4個つくれるよ。下の画像のように板材が48個あるとき、もとの原木は何個あったかな？

こたえ　　　個

90日目 算数　もくひょう 30秒　クリアした日　月　日

▶ 金ブロックをたて20個、よこ20個の範囲にしきつめたいよ。必要なブロックは何個かな？

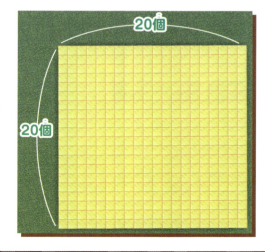

こたえ　　　個

91日目 国語 もくひょう 15秒

▶ 左右の言葉を線でつないで、自然のようすを表す言葉をつくろう。

雨が● ●ふく

風が● ●ながれる

雲が● ●ふる

92日目 算数 もくひょう 30秒

▶ ベッドは羊毛3個と板材3個で1台つくることができるよ。ベッドを4台つくりたい。もっている羊毛は5個、板材は6個。羊毛と板材はあと何個必要かな？

ベッドのつくり方

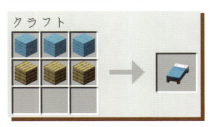

手もちアイテム

×5 ×6

こたえ

羊毛	個	板材	個

+αの攻略メモ　ベッドはネザーで使うと、大爆発を起こしてしまう。なんとTNTよりも強力な爆発になるよ。

93日目 算数

もくひょう ⏱15秒　クリアした日 ☐月 ☐日

▶ 大スライムを1回切ると、4匹の中スライムになるよ。絵の中にいる大スライムをすべて1回ずつ切ると、中スライムはぜんぶで何匹になるかな？

レベル2

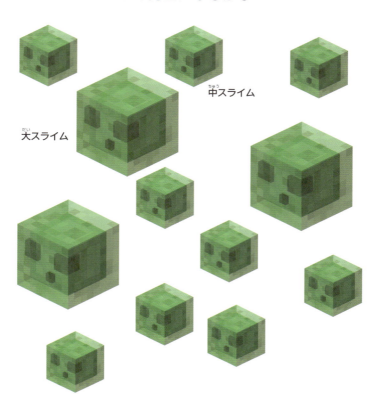

大スライム / 中スライム

こたえ

　匹

▶ 2つの四字熟語がバラバラになってしまったよ。意味にあうようにもとどおりにしよう。

それぞれの人の考えや好みがちがうこと

こたえ

心や体がまるで1つになったように強くつながっていること

こたえ

▶ ブロックを右のように積み上げたよ。的ブロックをこわすと、残っているブロックは何個かな？

ブロックは9マス分が3段に積まれているよ

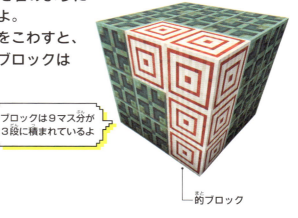

的ブロック

こたえ　　　個

▶ エメラルド6個、石炭4個、ダイヤモンド8個を手に入れたよ。
①、②、③に鉱石の名前を入れてグラフを完成させよう。

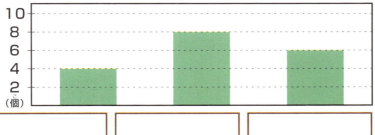

❶　　　　　❷　　　　　❸

97日目 生活

もくひょう ⏱20秒　クリアした日　月　日

▶ スティーブは家を建てて拠点にしたいと考えているよ。どの手順がいいかな。ア〜ウをならべかえよう。

ア 家を建てる

イ 家具を配置する

ウ 整地する

こたえ
☐ → ☐ → ☐

+α の攻略メモ　クモは中立モブだけど、暗くなるだけで突然凶暴化して敵対モブになるよ。

98日目 算数 もくひょう 10秒

▶ ウシから208dLの牛乳がとれたよ。
208dLは何L何dLかな？

こたえ　　L　　dL

99日目 算数 もくひょう 30秒

▶ クモを1匹たおすと、経験値が5もらえるよ。
現在、レベル3（経験値27）とすると、クモをあと何匹たおすとレベル5になるかな？

レベル	経験値
1	7
2	16
3	27
4	40
5	55

こたえ　あと　　匹

100日目 算数

もくひょう ⏱20秒　クリアした日 ☐月☐日

▶ レッドストーントーチを15本もっているよ。もっとたくさんクラフトして増やしたい。手もちアイテムで合計何本にすることができるかな？

レッドストーントーチのつくり方

手もちアイテム

 ×15

 ×29　×64

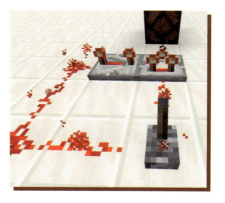

A 79本　**B** 44本　**C** 29本

+αの攻略メモ：本棚はエンチャント台の近くに置くとブースト効果があるけど、似たような「ブロックの模様入りの本棚」にはブースト効果はないよ。

101日目 国語 もくひょう 30秒 クリアした日 ⬜月 ⬜日

▶ スティーブの家がやっと完成したよ！
下の画像を見ながら①〜④にあう言葉を ⬜ から選ぼう。

家を１（ ❶ ）建てました。
部屋に本棚を設置して、本を１（ ❷ ）ずつていねいに収納していきます。
となりにイスを１（ ❸ ）、花の鉢植えを１（ ❹ ）置いたら、くつろぎのライブラリースペースが完成！

| とう | きゃく | さつ | けん |
| ほん | たい | はち | だい |

こたえ 99〜100ページ

102日目 国語　もくひょう 15秒

▶ 例のように2つの言葉を組みあわせて1つの言葉にしてみよう。

例) 走って　回る。→ 走り回る。

❶ 紙を　おって　まげる。　➡

❷ ブーツを　ぬいで　すてる。　➡

❸ 剣を　ふって　回す。　➡

103日目 算数　もくひょう 10秒

▶ ゾンビが左に9マス進んで、つぎに右へ4マス戻って、また左に6マス進むとA、B、Cどの位置にいるかな？

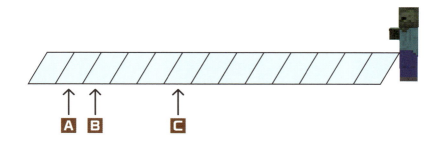

▶ よく見ると、エメラルドの個数がある決まりで増えているようだよ。
？に入るエメラルドの数は何個かな？

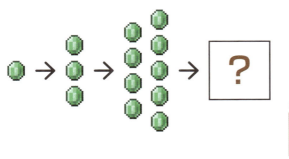

こたえ
　　　個

▶ 作業台に４つの漢字が入っているよ。真ん中に漢字を入れたら二字熟語が４つクラフトできるよ。
どの漢字が入るかな？

A 四
B 上
C 方

106日目

もくひょう ⏱ 15秒　クリアした日 ☐月☐日

▶ 赤の羊毛ブロックを使って漢字の言葉をつくったけど、クリーパーのせいでくずれてしまったよ。くずれてしまった漢字の言葉の読みをこたえよう。

ブロックでいろいろな漢字をつくってみよう！

こたえ

107日目 算数

⏱ 30秒　クリアした日　□月□日

▶ 金のツルハシを8本つくりたい。つくり方と手もちアイテムを確認しよう。金と棒はあといくつ必要かな？

ツルハシのつくり方

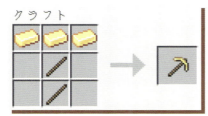

手もちアイテム

こたえ

| 金　　　個 | 棒　　　本 |

108日目 国語

⏱ 20秒　クリアした日　□月□日

▶ それぞれの漢字の読み方と送りがなを書こう。

生

① 赤ちゃんが 生（　）□。

② 歯が 生（　）□。

③ 自由に 生（　）□。

こたえ　100ページ

109日目 生活

もくひょう **20秒**　クリアした日　月　日

▶ 遠くへ移動するためにはどちらがよいかな？

❶ 海を渡る

A 泳ぐ

B ボート

❷ 陸を早く移動する

A 徒歩

B ウマ

❸ 重い荷物を運ぶ

A ロバ

B トロッコ

+αの攻略メモ ロバはウマと同様に、騎乗することてなつつくよ。なつくと鞍を乗せられて、ロバはさらにチェストをつけてアイテムを移動させられるんだ。

▶ おなじ部首がある漢字のペアを4つ探そう。

レベル 2

例)「図」と「国」には、「囗(くにがまえ)」というおなじ部首がある。

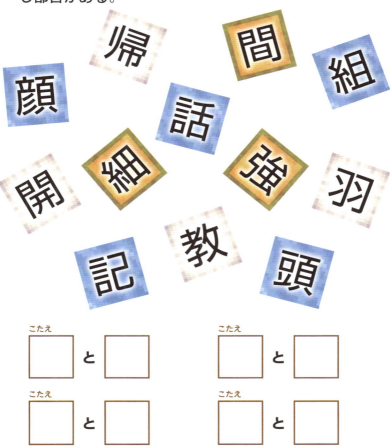

こたえ
☐ と ☐

こたえ
☐ と ☐

こたえ
☐ と ☐

こたえ
☐ と ☐

レベル2 こたえ

56日目 ▶P58

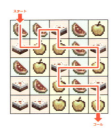

57日目 ▶P59
タラ
サケは5匹、タラは4匹いるね。フグは6匹だからこたえはタラだね。

58日目 ▶P60
①イ（きらきら）
②ア（ぎらぎら）
③ウ（さらさら）
「ぎらぎら」は強くまぶしくかがやくようす、「きらきら」はこまかく光りかがやくようす、「さらさら」はなめらかに流れたりかろやかに動いたりするようすを表すときに使うよ。

59日目 ▶P61
C

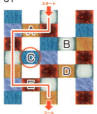

60日目 ▶P62

❶ 5 3
＋　 ❷ 6
　 5 9

61日目 ▶P62
C（に／は）
「ハスク（に）見つかってしまったアレックス（は）、いそいでにげた」が正しい文章だね。

62日目 ▶P63
B

63日目 ▶P63

2 0 ❶8
－ ❷3 5
 1 7 3

64日目 ▶P64
C（ヒマワリ）
ヒマワリは夏にさく花だよ。

65日目 ▶P64
9時間
時計を見て考えてみよう。

66日目 ▶P65
ネコ 2匹が5組、
ぜんぶで10匹
ニワトリ3羽が5組、
ぜんぶで15羽

96

67日目 ▶ P66
チューリップ
クッキー
ガラス
外国から入ってきた言葉はカタカナで表すことが多いよ。

68日目 ▶ P67
7個
複数の正方形が重なってできる長方形も数えよう。

69日目 ▶ P67
C（正方形）
立方体の面はタテとヨコの長さがおなじ正方形だよ。

70日目 ▶ P68
①ウ（だから）
②イ（なぜなら）
「だから」は、前の文が理由を表し、後ろの文がその結果を表すよ。「なぜなら」は理由を表す言葉で、前の文が結果を表し、後ろの文がその理由を表すよ。

71日目 ▶ P69
B
たて1列に足しても、よこ1列に足しても、ななめに足しても6個だね。6個になるには「？」に2個入れたいから、こたえはBだよ。

72日目 ▶ P70
B（日）
「日」を入れると、本日、一日、日記、日直の4つの二字熟語がクラフトできるよ。

73日目 ▶ P70
B（8個）
立方体は頂点が8個、面が6個あるね。

74日目 ▶ P71
C

75日目 ▶ P71
耳を　　　くむ
うでを　×　すます
口を　――　あける

76日目 ▶ P72
ウ→ア→イ→エ
まずは畑の準備が必要だね。畑に種をまいて、成長したら収穫しよう。

77日目 ▶ P73
ニンジン10本が3組、ぜんぶで30本

78日目 ▶P73
C（時計）
「時計」という漢字ができるね。

79日目 ▶P74
A
A式) 12+10+6+8=36
B式) 12+10+6=28
C式) 10+10+8=28

80日目 ▶P75
A（ぼくは）
主語を見つけるには、「〜は」「〜が」「〜も」がついている言葉に注目しよう。

81日目 ▶P75
48m
式) 8×6=48

82日目 ▶P76
A（手紙やはがきを送るときに入れるもの）
ポストに入れられた手紙やはがきは郵便局員さんが回収。郵便局で仕分けし、宛先の地域に運ばれたあと、郵便局員さんがそれぞれの家や会社に配達してくれるんだ。

83日目 ▶P76
①ボートで川を下る
②台から荷物を下ろす
③HPが下がる
「下」という漢字には読み方がいろいろあるよ。送りがなに注意しよう。

84日目 ▶P77
ゾンビ＞クモ＞スケルトン
ゾンビは7体、クモは5匹、スケルトンは4体いるね。

85日目 ▶P78
C（道）
「道」を入れると、歩道、車道、道楽、道理の4つの二字熟語がクラフトできるよ。

86日目 ▶P78
10本 式) 9×2=18
　　　　　　18−8=10
ブレイズをすべてたおすには18本の矢が必要。8本はもっているから、あと10本必要だね。

87日目 ▶P79
A Aは21個、Bは20個だよ。

88日目 ▶P80
B（時間がたってしまったから）
「アイテムがなくなっていた」という言葉の近くをよく読もう。

89日目 ▶ P81
12個
式）**48÷4＝12**

90日目 ▶ P81
400個
式）**20×20＝400**

91日目 ▶ P82
雨が・　・ふく
風が・　・ながれる
雲が・　・ふる

92日目 ▶ P82
羊毛7個
板材6個
式）**3×4−5＝7**
　　3×4−6＝6

93日目 ▶ P83
21匹
式）**3×4＝12**
　　12＋9＝21

94日目 ▶ P84
十人十色　一心同体

95日目 ▶ P85
23個
式）**3×3×3＝27**
　　27−4＝23

96日目 ▶ P85
①石炭
②ダイヤモンド
③エメラルド
たて軸を見ると、1目盛が2個に
なっているね。

97日目 ▶ P86
ウ→ア→イ
まずは家を建てる場所の準備が必
要だね。場所がととのって家を建
てたら、最後に家の中に家具を配
置して完成だよ。

98日目 ▶ P87
20L8dL
10dL＝1Lだよ。

99日目 ▶ P87
6匹
式）**55−27＝28**
　　28÷5＝5…3
　　5＋1＝6

100日目 ▶ P88
B（44本）
式）**29＋15＝44**
棒は64本あるけど、レッドストー
ンは29個しかないから、手もち
のアイテムでつくれるレッドス
トーントーチは29本だよ。

99

101日目 ▶ P89
①けん ②さつ ③きゃく ④はち
ものの数え方にはいろいろな種類があるよ。身近なものからおぼえて、数えてみよう。

102日目 ▶ P90
①おりまげる
②ぬぎすてる
③ふり回す

103日目 ▶ P90
B

104日目 ▶ P91
27個
1個→3個→9個と増えているよ。前の数の3倍になっているね。

105日目 ▶ P91
C（方）
「方」を入れると、地方、一方、方向、方角、の4つの二字熟語がクラフトできるよ。

106日目 ▶ P92
でんしゃ

107日目 ▶ P93
金18個 棒4本
式）3×8−6＝18
　　2×8−12＝4
まずは必要な数を数えて、そこから手もちの数を引こう。

108日目 ▶ P93
①赤ちゃんが生まれる
②歯が生える
③自由に生きる
「生まれた」「生えている」「生きたい」なども正解だよ。

109日目 ▶ P94
①B（ボート）　②B（ウマ）
③B（トロッコ）
海を渡るならボートのほうがいいね。陸を移動するなら徒歩よりウマのほうが早いよ。重い荷物を運ぶなら、ロバよりトロッコのほうがいいね。

110日目 ▶ P95
顔と頭　　開と間
細と組　　話と記
「顔」と「頭」には「頁」が、「開」と「間」には「門」が、「細」と「組」には「糸」が、「話」と「記」には「言」という部首が入っているね。

頭がよくなるパズル ❷
ならべかえストーリー

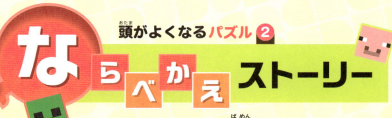

マイクラのいろいろな場面だよ。
正しくならべかえて、ストーリーをつくってみよう。

Q1 Ⓐ～Ⓒを正しい順番にならべかえよう。

Ⓐ 釣り糸をたらして魚がかかるのを待っているよ。

Ⓑ サケを使って料理をしたよ。

Ⓒ サケを釣り上げたよ！

ヒント 魚釣りをしているようすだね

Q2 Ⓐ～Ⓓを正しい順番でならべかえよう。

Ⓐ エンチャントの準備をしているよ。

Ⓑ エンチャントの材料を探しているよ。

武器にエンチャントを
かけているよ。

エンチャントした武器で強敵に
いどんだよ。

エンチャントは、武器や道具に能力を追加して強化することだよ

Q3 Ⓐ～Ⓒを正しい順番でならべかえよう。

Ⓐ ハチミツでいっぱいの巣からビンを使ってハチミツをとったよ。

Ⓑ 巣がハチミツでいっぱいになったよ。

Ⓒ ミツバチがハチミツをあつめて巣にもちかえっているよ。

こたえ

Q1 …… A→C→B
Q2 …… B→A→C→D
Q3 …… C→B→A

レベル 3

算数 国語 理科 社会 英語

ほとんどが3年生の知識で解ける問題だよ。算数と国語に、理科、社会、英語の問題も追加されるよ！

算数

⏱ 30秒　クリアした日　　月　　日

▶ ボートに乗って海を冒険しよう。ボートには2人乗れるよ。7人でプレイしているとき、ボートは最低何そう必要かな？

全員1人ずつボートに乗るのはなしだよ

A 3そう　**B** 4そう　**C** 5そう

▶「満腹度ゲージが減ったから赤いリンゴを食べて体力を回復しよう」
この文章で、「リンゴ」をくわしくしている言葉はどれかな？

ほかの言葉をくわしくしている言葉を修飾語というよ

A 満腹度ゲージ　**B** 食べて　**C** 赤い

113日目 算数 もくひょう ⏱10秒 クリアした日 　月　日

▶ 拠点からとなりの村に行くのに、徒歩で10分、ウマで3分、トロッコで6分かかったよ。
いちばん速いのはこのうちのどれかな?

A 徒歩

B ウマ

C トロッコ

> 何で行ったのかにまどわされないで!

114日目 英語 もくひょう ⏱10秒 クリアした日 　月　日

▶ ヒツジに黄色の染料を使うと色が変わった!
「ヒツジ」を意味する英語はどれかな?

A sheep

B cat

C dog

108　+αの攻略メモ　ウマは体力や足の速さがそれぞれちがう。速いウマを探そう!

115日目 理科

もくひょう ⏱30秒　クリアした日 ☐月☐日

▶ マイクラの世界でも朝に太陽がのぼって、夜になるにつれて太陽はしずんでいくよ。ア～エの4枚の写真の1日の太陽と月の動きを、時間順にならべてみよう。どの写真も右側が東で左側が西だよ。

レベル3

こたえ
☐ → ☐ → ☐ → ☐

こたえ　156ページ

116日目 理科

もくひょう **10秒**

▶ ウインドチャージは、風の力を使って敵をノックバックできるね。現実の世界で風の力を利用した乗りものは、つぎのうちどれかな？

風の力で敵を吹き飛ばすよ

A ヨット　**B** 電車　**C** 自動車

+αの攻略メモ　ウィンドチャージはマイクラ初の魔法のようなギミック。でもダメージは極小だ。

▶ マイクラで日本の国旗をつくったよ。
色の組みあわせが正しいのはどれ？

 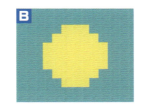 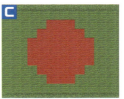

こたえ

▶ 石のハーフブロックを2個重ねると石ブロック1個とおなじ大きさになったよ。
ハーフブロックは石ブロックの何分の1の大きさかな？

A おなじ大きさ

B $\frac{1}{3}$ の大きさ

C $\frac{1}{2}$ の大きさ

119日目 算数

⏱ 10秒　クリアした日　月　日

▶ 鉄インゴット9個で鉄ブロックが1個できるよ。鉄インゴット63個から鉄ブロックは何個つくれるかな？

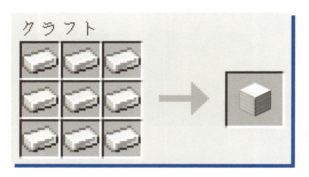

こたえ　　　　　個

120日目 社会

⏱ 10秒　クリアした日　月　日

▶ ケーキをつくるには小麦、牛乳入りバケツ、卵、砂糖が必要だよ。ケーキのように食材に何らかの手を加えた食品のことを何というかな？

A 自然食品

B 加工食品

C 輸入食品

112　＋αの攻略メモ　ケーキは手に持って食べられない。どこかに設置してから使う操作が必要だよ。

121日目 英語　もくひょう 10秒　クリアした日 ▢月▢日

▶ モンスターがわかないように、松明をつくったよ。
「火」を意味する英語はどれかな？

A fire

B snow

C light

122日目 国語　もくひょう 10秒　クリアした日 ▢月▢日

▶ 羊毛ブロックで「世」という漢字をつくったよ。
赤色の羊毛ブロックでつくられた部分は何画目かな？

こたえ　　　　画目

123日目 社会

もくひょう ⏱10秒　クリアした日　月　日

▶ 村は家から見て、北にあるよ。村から見て、自分の家はどの方角にあるかな？

こたえ

現実ではコンパスを見ると方角がわかるよ

+αの攻略メモ　はしごはスカスカに見えるけど、じつは水を通さないぞ。

124日目 理科

もくひょう ⏱10秒　クリアした日 ☐月☐日

▶ 太陽によって影はできるけど、太陽の位置が高いときと低いときでは、どちらが影の長さが長いかな？

A 高いとき

B おなじ

C 低いとき

夕方のほうが太陽が低いね

125日目 算数

もくひょう ⏱10秒　クリアした日 ☐月☐日

▶ 棒7本ではしごが3台できるよ。棒が56本あると、何台のはしごができるかな？

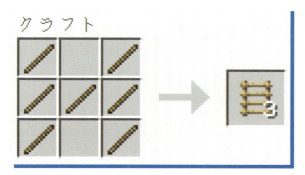

こたえ ☐ 台

もくひょう **10秒** クリアした日 ___月___日

▶ 島を拠点にしたいけど陸地がもう少しほしい。ブロックで埋めて陸地にしたいな。海や湖などを陸地にすることを何という？

東京のお台場も昔は海だったんだって

A かんがい **B** 干拓 **C** 用水

＋αの攻略メモ　スポンジがあれば水を吸い取れる。でもよこに水ブロックがあると、水を吸い取ってもすぐまた水が流れてきちゃうぞ。

▶「ブレイズを攻撃するとガチャって金属音がするよ。金属でできているのかな」
この文章の「攻撃する」はどんなことを表す言葉かな？

A 物・事　B 動作　C ようす

128日目 社会

もくひょう ⏱ 10秒　クリアした日 　月　日

▶木のブロックでつくられた家にマグマの火が移って火事になってしまった。マイクラでは火事になるとなかなか火を消すことができない……。
現実で火事になったときは、火を消してもらうためにはどの電話番号に電話をかければいい？

電話は消防本部や救急センターなどの通信指令室につながるよ。そこから警察やガス会社などいろいろなところに連絡がいくんだ

A 110番　**B** 111番　**C** 119番

+αの攻略メモ　木など燃える素材でつくった建物は、火が移るとかんたんに燃え出すよ。火事を防止するには石など燃えない素材を使おう。

129日目 英語 ⏱10秒

▶ 暖かい地方と寒い地方の境目だと、川の水が半分凍っていることもあるよ。
「水」を意味する英語はどれかな？

A sand
B water
C air

レベル3

130日目 算数 ⏱10秒

▶ この家を1軒建てるのに、木材を24個使ったよ。木材が72個あったら何軒建てられるかな？

建築にも計算は超重要だ！

こたえ 　　　　軒

こたえ 157ページ

131日目 算数

⏱ 10秒　クリアした日　□月□日

▶ ジャガイモ1個を植えるには、1マス分たがやす必要がある。今、16個ジャガイモをもっているよ。
下の画像の状況からすべてを植えるには、あと何マス分たがやしたらいいかな？

水が1マス分あるね。
今は何マス分の畑がたがやされているかな？

こたえ　　　　マス

+αの攻略メモ　湿気がとどくのは水から4マスまで。だから、畑をつくるときは中央に水を置いて、たてよこ9マスずつの正方形にするのが基本だ。

132日目 国語

もくひょう 10秒

▶「ひたすら掘り続けておなかが減った（　）、ステーキ（　）食べて満腹度ゲージを回復したよ」
カッコにはどの言葉が入るかな？

レベル3

おなかがすいて
これ以上掘れない

A から／に　B ので／を　C が／は

こたえ　157ページ

算数

もくひょう 30秒

▶2048個の土ブロックがあるよ。そのうち1984個の土ブロックをマグマに捨てたら、残りは何個かな？

まずキリのよい数を数えてみると近道かも！

こたえ　　個

▶「夜に外へ出たら、ゾンビにおそわれてしまった」
この文章の「夜に」は何を表す修飾語かな？

A いつ　B どこで　C なにを

135日目 国語

⏱ 20秒　クリアした日 　月　日

▶ ガラスのブロックが315個あるよ。ガラスの家を建てるために、さらにガラスブロックを496個用意したよ。ガラスブロックはぜんぶで何個あるかな？

計算しやすい方法を考えてみよう

こたえ　　　個

+αの攻略メモ　ガラスと板ガラスはほとんどおなじに見えるが、板ガラスのほうが少しうすいので、板ガラスのほうが見通しがいいよ。

136日目 英語 ⏱10秒 クリアした日 ☐月☐日

▶ ある建物があって"Library"と書いてあったよ。ここはなんだろう？

A 図書館
B 消防署
C 警察署

137日目 算数 ⏱10秒 クリアした日 ☐月☐日

▶ 金のリンゴは、金インゴット8個とリンゴ1個でつくることができるよ。金インゴット60個、リンゴ8個があったら、何個の金のリンゴをつくることができるかな？

手もちアイテム

×60 ×8

リンゴをぜんぶは使えないかもね

こたえ
☐ 個

138日目 英語

もくひょう ⏱10秒　クリアした日 ___月___日

▶ 英語の勉強をするために、マイクラの言語設定を英語にしたよ。
さて「英語」を英語で書くと、どれが正しいかな？

```
言語設定

Ido (Idia)
Íslenska (Ísland)
Medžuslovjansky (Slovjanščina)
Italiano (Italia)
日本語（日本）
la .lojban. (la jbogu...)
ქართული (საქართველო)
Қазақша (Қазақстан)
ꁍꊌꑤ (ꆈꌠ)

（正確な翻訳が行われていない可能性があります）

フォント設定...　　　　　　　　完了
```

> どんどん単語を覚えちゃうかも！

A Japanese　**B** English　**C** Chinese

+α の攻略メモ　Java版だとネザライトとダイヤモンドのチェストプレートがおなじ防御力だが、防具強度はネザライトのほうが1高い。防具強度は統合版にはなく、Java版だけのもの。

139日目 算数

もくひょう ⏱ 20秒　クリアした日　月　日

▶ 鉄装備からダイヤモンド装備に着替えると、防御力ゲージが上がったよ。防御力ゲージ何個分増えたかな？防御力ゲージが半分のものは0.5個として数えてみよう。

まずは着替える前のゲージの数を数えよう

引き算を使うね。0.5は1の半分だよ

こたえ　　　個

もくひょう ⏱ **20**秒　クリアした日　　月　　日

▶ 下の画像のように、川に生活に必要な水をたくわえておく場所をつくったよ。
現実で、浄水場できれいにした水を家庭にくばるために、一時的に水をたくわえておく場所はどれかな？

A ダム　**B** 防火水槽　**C** 配水池

+αの攻略メモ　マイクラではよこ3マスの穴を掘って左右に水を流すことで、中央のマスから水を無限に採取できるようになるよ。

141日目 理科

もくひょう 10秒

▶ 黄色い染料をつくりたくて花を探していたら平原でヒマワリを見つけたよ。マイクラのヒマワリはかならず東を向いているよ。それはなぜかな？

現実のヒマワリも東を向いて咲くことが多いよ

A 種が東の方向にできるから

B 東の土の栄養が豊富だから

C 太陽がのぼる方角だから

こたえ 158ページ

もくひょう 10秒 クリアした日 ／月 ／日

▶ 暗い洞窟にたどりついた。なんだか敵が出てきそうなので、念のためすみずみまで松明で明るくして敵がわからないようにしよう。
このような行動をことわざで何というかな？

A 石橋をたたいて渡る

B 月夜に提灯

C 能あるたかはつめをかくす

143日目 英語

もくひょう ⏱ 10秒　クリアした日 □月 □日

▶ マイクラにはたくさん森があってオークやシラカバの木が生えているね。「森」を意味する英語はどれかな？

A forest

B beach

C tree

レベル 3

144日目 算数

もくひょう ⏱ 20秒　クリアした日 □月 □日

▶ 30分で16個の「溶岩入りバケツ」がつくれるレッドストーン装置をつくったよ。このペースで2時間続けると、何個の「溶岩入りバケツ」がつくれるかな？

1時間だと何個つくれるかな？

こたえ
□個

こたえ 158〜159ページ　131

英語

▶「今日の冒険は最高だったね！ つぎはエンダードラゴンをたおしに行こう！（　　　　）」
友だちが最後に英語であいさつをして帰ったよ。
カッコにあてはまる英語はどれかな？

A Hello.

B Nice to meet you.

C Good bye.

▶ 1つのチェストには27枠分のアイテムを入れることができるね。チェストが3つあると、何枠分のアイテムを入れることができるかな？

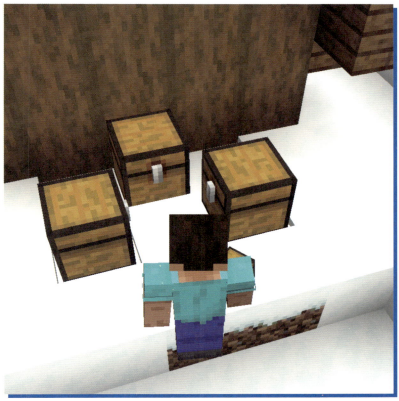

こたえ

枠

算数

目標 30秒　クリアした日　　月　　日

▶ エンチャントでツルハシにレベルⅢの耐久力をつけるためには経験値が30必要みたい。今の経験値は0だから目の前の敵をたおして経験値をためたい。
下の画面の中で、かならずたおさなければならないモブはどれかな？ 表を参考にしてね。

モンスター	経験値
マグマキューブ（大）	4
マグマキューブ（中）	2
マグマキューブ（小）	1
ガスト	5
ブレイズ	10

A マグマキューブ（大）

B ガスト

C ブレイズ

+αの攻略メモ　エンチャントでつく効果はランダムだ。エンチャント台に置いた瞬間に決まるぞ。気に入った効果にならないからといって、リセット、ロードしても結果は変わらない。

148日目 国語

▶ マイクラで神社の鳥居をつくりたくて、毎日5分ずつ作業して1か月かけて完成させたよ。
このような行動をことわざで何というかな？

> 少しずつでもコツコツやるのが大切ということだね

A 雨ふって地かたまる

B ちりも積もれば山となる

C 仏の顔も三度

149日目 算数

もくひょう ⏱ 10秒

▶ マイクラの世界の1日は現実の世界の時間で20分だよ。マイクラの世界で4日間分ゲームをしたら、現実の世界では何時間何分ゲームをしていたことになるかな？

こたえ　　　時間　　　分

▶ ただ走るより、ジャンプしながら走るほうが速いよ。パワーレールを使用したトロッコより、ボートのほうが遅いよ。ジャンプしながら走るより、ボートのほうが速いよ。いちばん速いのはどれかな？

ただ走る

ジャンプしながら走る

トロッコ

ボート

算数

▶ モンスターと戦うために、鉄インゴット2個と、木の棒1本で鉄の剣をつくりたい。鉄インゴット8個と木の棒3本をもっていたら、鉄の剣は何本つくれるかな？

使っているとこわれるから剣は何本あってもいいぞ！

こたえ　　本

152日目 英語 ⏱10秒 クリアした日 ☐月 ☐日

▶ マイクラではオオカミに骨をあげるとペットにできるよ。「オオカミ」を意味する英語はどれかな？

A rabbit

B wolf

C cow

153日目 理科 ⏱10秒 クリアした日 ☐月 ☐日

▶ 拠点からまっすぐ村に向かったよ。右手の方向に太陽が地平線からのぼっているのが見えた。拠点から村への方角はどれかな？

A 北

B 西

C 南

もくひょう 10秒　クリアした日　月　日

▶ ダイヤモンドをいっぱい手に入れたから急いで家に帰りたい。地下の洞窟を通る道が近道だけど、敵だらけだ。山をのぼって回り道で安全第一で帰ろう。このような行動のことをことわざで何というかな？

こんなに敵が多いところを通るのはやめて、安全な道で帰ろう……

A 二兎を追う者は一兎をも得ず

B 馬の耳に念仏

C 急がば回れ

155日目 算数

もくひょう ⏱15秒

▶ ゴーレムをたおすと鉄インゴットを2個手に入れることができるよ。23体のゴーレムをたおすと鉄インゴットを何個手に入れられるかな？

1体で2個！
2体で4個！

A 36個　**B** 46個　**C** 51個

算数

もくひょう ⏱ 30秒

▶ 並木道をつくるため、6本の木を5マス間隔で1列に植えたよ。木の端から端まで何マス分あるかな？
木を植えたところは1マス分として数えるよ。

書き出してみると
わかりやすいよ！

こたえ

マス

▶「サボテンにアイテムがふれたらアイテムが消えたよ。なんでだろう」
この文章から読み取れる感情はどれかな？

A うれしく思う感情
B 不思議に思う感情
C 怒っている感情

こたえ　160ページ

158日目 英語

もくひょう ⏱10秒　クリアした日　月　日

▶ マイクラで光る植物といえばグロウベリーだね。「ベリー」を英語にするとどう書くかな？

A blue
B berry
C jelly

159日目 理科

もくひょう ⏱10秒　クリアした日　月　日

▶ 虫のモブは、ミツバチやクモなど種類が少ないね。ミツバチの足の数は6本だけど、クモの足は何本かな？

こたえ ___本

+αの攻略メモ　グロウベリーは種をまくことで栽培できるけど、通常の植物とちがって下に向かってのびていくよ。土ブロックの下に空間がないと育たないぞ。

▶「工夫してつくったつもり（　　　）、なんだかかっこ悪い家になっちゃった。（　　　）つくり直そう」
カッコに入る言葉の組みあわせとして正しいのはどれかな？

A だけど／だから　B なのに／そして　C さらに／たとえば

理科

もくひょう ⏱ 10秒

▶ 動物をつぎのように分類したよ。
ウサギはどこのグループに入るかな？

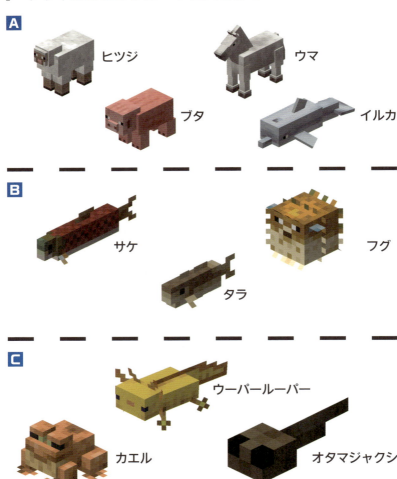

A ヒツジ / ウマ / ブタ / イルカ

B サケ / フグ / タラ

C ウーパールーパー / カエル / オタマジャクシ

+αの攻略メモ　オタマジャクシには繁殖アイテムがないけど、スライムボールで誘導は可能。スライムボールを持っていると寄ってくるよ。

162日目 算数

▶ 小さなチェストには、27枠分アイテムが入る。1つの枠に64個の石ブロックが入るよ。小さなチェストには最大で何個の石ブロックが入るかな？

こたえ　　個

163日目 国語

▶「エンダードラゴンを見失っちゃった。どこに行ったのかな」
この文章の「どこ」は何を表しているかな？

A 方法
B 場所
C 名詞

164日目 算数 ⏱10秒 クリアした日 ▢月▢日

▶満腹度ゲージが3個しかないよ。ベイクドポテトを1個食べると満腹度ゲージが2.5個分増えるみたいだけど、ベイクドポテトを2個食べると満腹度ゲージはぜんぶで何個分になるかな？

こたえ ▢個

165日目 理科 ⏱10秒 クリアした日 ▢月▢日

▶地図の材料にしたり、初期スポーン地点の場所を指し示したりするコンパス。現実の世界では方位磁針とも呼ばれるね。
方位磁針は何を利用して動くものかな？

A 磁石の力
B 電気の力
C 風の力

+αの攻略メモ　コンパスは初期リスポーン地点を指し示すよ。また地図とクラフトすると、地図上に自分の位置が表示されるようになる。

166日目 社会

もくひょう ⏱10秒　クリアした日　□月□日

▶日本でいちばん大きい湖をマイクラで再現。さて、その湖の名前は？

面積は約670km²もあるらしいよ。シンガポール（約720km²）より少し小さいくらいだよ

A 琵琶湖　**B** サロマ湖　**C** 霞ヶ浦

こたえ 161～162ページ

167日目 算数

⏱ もくひょう 10秒　クリアした日 ☐月 ☐日

▶ いろいろな色の羊毛を積み上げて図のようなものをつくったよ。白色の羊毛は全体のいくつ分かな？分数でこたえよう。

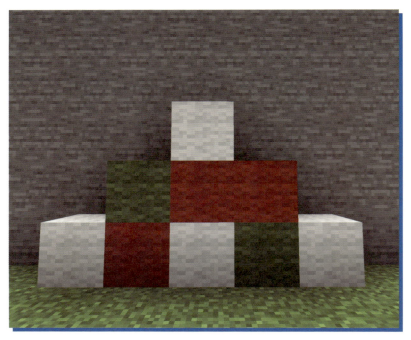

まず全体のブロックの数を数えよう

こたえ

▶「おなかがすいた。(　　　)、パン(　　　)ステーキのどちらかを食べよう」
この文章のカッコに入る言葉の組みあわせで正しいのはどれかな？

A だけれど／なので

B なので／しかも

C だから／または

レベル3

    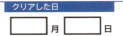

▶サケを釣ろうと思って、河川にやってきたよ。現実の川の水は、最初にどこから流れはじめるんだろう？

水が流れ出るもととなる場所を「水源地」というよ

A 海

B 山

C 浄水場

こたえ　162ページ

もくひょう ⏱10秒　クリアした日　　月　　日

▶ 家のまわりには果樹園や畑や温泉があるよ。それぞれを地図記号で示してみた。「∨」は何を表しているかな？

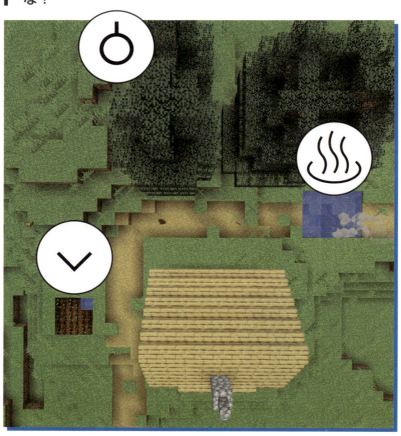

A 果樹園　B 畑　C 温泉

▶「私はマイクラが好き」

英語の授業で "What do you like?"（何が好き？）と聞かれたからこう英語でこたえたよ。表現として正しいのはどれかな？

A I like Minecraft.　　**B** You like Minecraft.

C We like Minecraft.

172日目 算数

もくひょう ⏱30秒　クリアした日　　月　　日

▶ 今日は1日中、マイクラをしてしまった。今日1日のようすを記録してみたよ。
ア～エを時刻が早い順にならべかえるとどうなるかな？

ア 午前9時にゲームをスタート。今回のもくひょうはエンダードラゴンに会うこと。

イ 午後5時になった。続きは別の日にして、学校の宿題を終わらせることにしよう。

ウ 正午までにエンダーアイの材料のエンダーパールをあつめきれたよ。

エ 午後3時にブレイズにたおされて、マグマに落とされてしまった。やり直しだ……。

こたえ
☐ → ☐ → ☐ → ☐

+αの攻略メモ：エンダーパールはエンダーマンをたおすとドロップする。ドロップ増加Ⅲのエンチャントをつけると、最大で一度に4個ドロップすることも。

173日目 社会

もくひょう ⏱15秒　クリアした日 ␣月␣日

▶ コンパスと紙を使って地図をつくることができるよ。上が北を示しているけど、南西に行きたい場合は地図ではA〜Cのどの向きに行けばいいかな？

レベル3

南西は、南と西の間の方向だよ

こたえ　162ページ

レベル3 こたえ

111日目 ▶ P106

B（4そう）

式）**7÷2＝3…1**

3そうだと1人乗れないからもう1そう必要だね。

112日目 ▶ P107

C（赤い）

言葉と言葉をつなげて意味が通じるものを選ぼう。「赤い」「リンゴ」だと意味が通じるね。

113日目 ▶ P108

B（ウマ）

到着するまでの時間がいちばん短いウマがいちばん速いね。

114日目 ▶ P108

A（sheep）

「cat」はネコ、「dog」はイヌという意味だね。

115日目 ▶ P109

ウ→ア→エ→イ

太陽も月も東からのぼって西にしずむよ。

116日目 ▶ P110

A（ヨット）

ヨットは、風の力を利用して動くよ。

117日目 ▶ P111

A

Bは「パラオ」、Cは「バングラデシュ」の国旗だよ。

118日目 ▶ P111

C（$\frac{1}{2}$ の大きさ）

1つのものを2つに分けた1つ分を表すときは、分母に2、分子に1と書くよ。

119日目 ▶ P112

7個

式）**63÷9＝7**

120日目 ▶ P112

B（加工食品）

「加工食品」とは、自然のまま食べる食品に対し、何らかの加工をした食品のことだよ。

121日目 ▶ P113

A（fire）

「snow」は雪、「light」は光という意味だね。

122日目 ▶ P113

5画目

156

123日目 ▶ P114
南
北の反対は南だね。

124日目 ▶ P115
C（低いとき）
太陽の位置が低いほど、できる影の長さは長くなるよ。

125日目 ▶ P115
24台
式）56÷7＝8
　　3×8＝24

126日目 ▶ P116
B（干拓）
「干拓」は、その場の水を抜き取ったり干上がらせたりして陸地にすることだよ。

127日目 ▶ P117
B（動作）
「攻撃する」は動作を表す言葉だね。動作を表す言葉は最後がウ段で終わることが多いよ。

128日目 ▶ P118
C（119番）
119番は、火事や事故のときに電話する番号だね。110番は、警察につながる番号だよ。

129日目 ▶ P119
B（water）
sandは「砂」、airは「空気」という意味だね。

130日目 ▶ P119
3軒
式）72÷24＝3

131日目 ▶ P120
7マス
式）16－9＝7

132日目 ▶ P121
B（ので／を）
「ので」のあとには結果が続くよ。「を」は動作の対象を表す言葉で、「食べ」をくわしくしているよ。

133日目 ▶ P122
64個
式）
　　2048
　－1984
　　　64

くり下がりに注意して、ひっ算で計算してみよう。
式）2000－1984+48＝64
と考えてもOKだよ。

134日目 ▶ P123
A（いつ）
「夜」は時を表す言葉だね。

135日目 ▶ P124
811個
式）
315
+496
811
くり上がりに注意して、ひっ算で計算してみよう。
暗算するなら
式）**315+500−4**
と計算してもいいかもね。

136日目 ▶ P125
A（図書館）
消防署はfire station、警察署はpolice stationと書くよ。

137日目 ▶ P125
7個
式）**60÷8=7…4**
金インゴットは金のリンゴ7個つくれるだけあるね。
式）**8÷1=8**
リンゴは金のリンゴを8個つくれるだけあるね。リンゴは8個分の材料があるけど、金インゴットは7個分しかないからこたえは7個だよ。

138日目 ▶ P126
B（English）
「Japanese」は日本語、「Chinese」は中国語という意味だよ。

139日目 ▶ P127
1.5個
式）**7−5.5=1.5**

140日目 ▶ P128
C（配水池）
ダムも配水池も水をあつめる施設だけど、それぞれの家庭にくばるための水をためておくのは配水池だよ。

141日目 ▶ P129
C（太陽がのぼる方角だから）
マイクラのヒマワリは太陽の光をいっぱい浴びられるように東を向いているよ。現実のヒマワリも東を向いていることが多いよ。

142日目 ▶ P130
A（石橋をたたいて渡る）
注意深く、とても慎重に物事を行うことを「石橋をたたいて渡る」というよ。

143日目 ▶ P131
A (forest)
「beach」はビーチ（海岸）、「tree」は木という意味だね。

144日目 ▶ P131
64個
式）$120 ÷ 30 = 4$
　　$16 × 4 = 64$
2時間は120分だから30分の4倍だね。30分で16個つくれるから、2時間では4倍の64個がつくれるよ。

145日目 ▶ P132
C (Good bye.)
あいさつの言葉で、Hello. は「こんにちは」、Nice to meet you. は「はじめまして」という意味だね。

146日目 ▶ P133
81枠
式）$27 × 3 = 81$

147日目 ▶ P134
C（ブレイズ）
もしブレイズをたおさなかったら残りのモブをすべてたおしても26しか経験値をもらえないよ。

148日目 ▶ P135
B（ちりも積もれば山となる）
小さなことでも時間をかけて積み重ねていけば、やがて大きな成果になることを「ちりも積もれば山となる」というよ。

149日目 ▶ P136
1時間20分
式）$20 × 4 = 80$
1時間＝60分だから、80分＝1時間20分だよ。

150日目 ▶ P137
C（トロッコ）
「ただ走る」より「ジャンプしながら走る」が速い。「トロッコ」より「ボート」が遅いということは「ボート」より「トロッコ」が速い。「ジャンプしながら走る」より「ボート」が速い。つまり「トロッコ」「ボート」「ジャンプしながら走る」「ただ走る」の順に速いということだね。

151日目 ▶ P138
3本
式) $8 \div 2 = 4$
　　$3 \div 1 = 3$
鉄インゴットは鉄の剣4本分の材料があるけど、木の棒が3本分しかないから、こたえは3本だね。

152日目 ▶ P139
B（wolf）
「rabbit」はウサギ、「cow」はウシという意味だね。

153日目 ▶ P139
A（北）
右手が東になるので、村の方角は北になるね。

154日目 ▶ P140
C（急がば回れ）
「急がば回れ」は、危険な近道よりも、安全で確実な道を通ったほうが結局は早くつけるという意味だよ。

155日目 ▶ P141
B（46個）
式) $23 \times 2 = 46$

156日目 ▶ P142
31マス
式) $5 \times 5 = 25$
　　$25 + 6 = 31$
6本の木を植えるのにできる間は5か所で、それぞれ5マス分の間隔をあけるね。これに6本分の木のマスを足せばいいから、31マス分になるよ。

157日目 ▶ P143
B（不思議に思う感情）
「なんでだろう」という言葉があるから、不思議に思っている感情だね。

158日目 ▶ P144
B (berry)
「blue」は「青い」という意味。「jelly」はゼリーのことだね。

159日目 ▶ P144
8本

160日目 ▶ P145
A (だけど/だから)
「だけど」は、前の文と反対のことが起こる文がつぎにくるときに使うよ。「だから」は、原因や理由を表すつなぎ言葉だよ。「家がかっこ悪い」という原因があるから「家をつくり直す」んだね。

161日目 ▶ P146
A
ウサギはヒツジやブタなどとおなじほ乳類だよ。

162日目 ▶ P147
1728個
式)
```
    64
  ×27
   448
  1280
  1728
```

163日目 ▶ P147
B (場所)
「どこ」は場所を表しているこそあど言葉だよ。

164日目 ▶ P148
8個
式) 2.5×2=5
　　 5+3=8
小数点をあわせて計算しよう。こたえは8個だね。

165日目 ▶ P148
A (磁石の力)
方位磁針は、磁石の力を利用した道具だね。

166日目 ▶ P149
A（琵琶湖）
琵琶湖は滋賀県にある、日本でもっとも大きな湖だよ。

167日目 ▶ P150
$\frac{4}{9}$
全体が9つあるうちの4つ分だから、分母が9、分子が4になるね。

168日目 ▶ P151
C（だから／または）
「だから」は前の文章が原因や理由、あとにくる文章が結果を表すよ。「または」は2つ以上のものがあるうち、どれか1つを選ぶときに使うよ。

169日目 ▶ P151
B（山）
山に降った雨や雪が土や岩に染み込んで、地下水となって川になるよ。

170日目 ▶ P152
B（畑）
果樹園は「○」、温泉は「♨」だね。

171日目 ▶ P153
A（I like Minecraft.）
Youは「あなた」、Weは「わたしたち」という意味だね。

172日目 ▶ P154
ア→ウ→エ→イ
時刻の順番は、午前9時→正午→午後3時→午後5時だから、ア→ウ→エ→イが正解だよ。

173日目 ▶ P155
B
上が北を指しているとき、南西は左下になるね。

レベル3までよくがんばったね！　あと半分だ！

頭がよくなるパズル ❸ 漢字クラフト

マイクラのアイテムやモブをならべて、漢字をクラフトしてみたよ。どんな漢字がクラフトできたかな？

Q1

ヒント
左は山だね

Q2

ヒント
左は太陽、右は月だよ。太陽を別のいい方にすると……？

Q9

 +

Q10

ヒント 右の染料は何色かな？

こたえ

- Q1 — 赤
  山などで「赤」になるね。
- Q2 — 明
  お日さまと月で「明」。
- Q3 — 体
  人（にんべん）のそばにある「本」。
- Q4 — 知
  矢とブレッジャーの口を組み合わせた。
- Q5 — 楳
  木と実で「楳」。
- Q6 — 茉
  さんすいは水を表す部首だね。
- Q7 — 絵
  右は糸の旁だね、糸と会で「絵」になるね。
- Q8 — 相
  木とプレイヤーの目を組み合わせた。
- Q9 — 特
  牛は右半分、つまり牛だね。牛と寺院を組み合わせた。
- Q10 — 紫
  水色または青っぽい紫と赤が組み合わさった色だね。

レベル4

算数 国語 理科 社会 英語

ほとんどが4年生の知識で解ける問題だよ。垂直・平行や接続詞の使い方、気候や地形などの問題にもチャレンジ！

174日目 国語

もくひょう ⏱10秒　クリアした日　月　日

▶「マイクラは1日1時間、勉強も1時間とお母さんと約束したけど、長続きしなかった。まさに『（　　）ぼうず』だ」
この文章のカッコにあてはまる言葉は何？

この言葉は、すぐに修行をやめてしまったお坊さんの話が由来だよ

こたえ

175日目 英語 ⏱10秒

▶ たくさんのグロウベリーがなっている洞窟を見つけたよ。「たくさんの」を英語にすると何かな？

- **A** sunny
- **B** very
- **C** many

レベル 4

176日目 理科 ⏱10秒

▶ 氷のトラップをつくるために、明るい場所に氷を置いたら、すぐに溶けちゃった。
現実で氷が溶けると何になるかな？

こたえ

こたえ　218ページ

177日目 算数

もくひょう ⏱ 10秒　クリアした日 ☐月☐日

▶ マイクラでつくった建物の屋根をクローズアップ。この角度は何度かな？

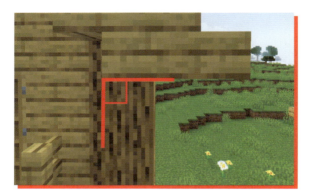

こたえ ___ 度

178日目 英語

もくひょう ⏱ 10秒　クリアした日 ☐月☐日

▶ ネザーの大地は赤く、地上世界とは明らかにちがう地面におおわれている。「地面」を英語にするとどれかな？

A ground

B sky

C sound

+αの攻略メモ　見ただけだとわからないけど、ネザーは灼熱の地という設定。ネザーに水をもち込んでも、地面にまくと瞬時に蒸発しちゃうよ。

179日目 理科 🕐10秒

▶ 金属は光沢があって、強固な性質からいろいろなものに加工されるね。マイクラの世界でも防具やツルハシ、重量用感圧板などに加工されるよ。
つぎの中で金属はどれかな？

A ラピスラズリ

B 金

C ダイヤモンド

こたえ　218ページ

180日目 算数　もくひょう ⏱10秒

▶ 12個のパンを3つのチェストにおなじ数ずつ入れるよ。1つのチェストに何個のパンが入るかな？

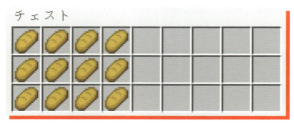

割り算が使えそう

こたえ　　個

181日目 英語　もくひょう ⏱10秒

▶ エンダーマンの目はよく見ると紫色だよ。「目」を意味する英語はどれかな？

A eye
B ear
C mouth

+αの攻略メモ　エンダーマンは中立モブだけど、目があうとなぜか怒り出して敵対化するよ。

182日目 国語

▶「プレイヤーが召喚するスノーゴーレムは、敵モブにダメージをほとんどあたえられないんだ。ただ、スノーゴーレムはかわいらしいから、目を（　　　　）」
カッコにあてはまる言葉はどれ？

注意をひくことしかできないよ

A かくそう　B そらそう　C つぶろう

183日目 算数

もくひょう ⏱20秒

▶畑に3種の作物を規則的にならべよう。
小麦、トーチフラワー、ビートルートの順に植えていくと、50番目はどれになるかな？

いくつか書きならべてみると法則が見えてくるかも

こたえ

+αの攻略メモ　トーチフラワーの種は、現状自力で入手できないゆいいつの種。ほしいときはスニッファーに探してもらおう。まれに地面から掘り出してくれるよ。

▶「クリーパーは爆発するとまわりのブロックもこわしてしまう。(　　　)、家の近くで戦わないようにしよう」カッコにあてはまる言葉はどれ？

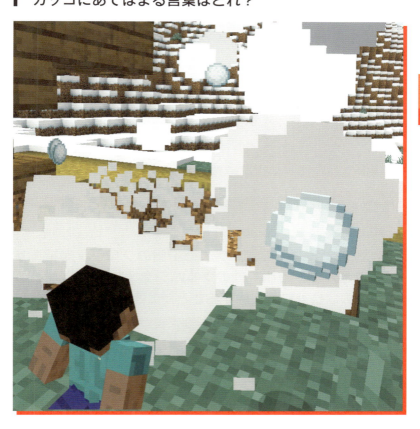

A しかし　B だから　C なぜなら

185日目 英語 ⏱10秒 クリアした日 ☐月☐日

▶ 20分で1日が終わるマイクラの世界。
「20」を意味する英語はどれかな？

ちなみに24時間プレイすると、ゲーム中では72日たつよ

A twenty
B thirty
C forty

186日目 算数 ⏱10秒 クリアした日 ☐月☐日

▶ 鉄のツルハシ1本につき250個のブロックを採掘することができるよ。鉄のツルハシを3本もっていると、何個のブロックを採掘することができるかな？

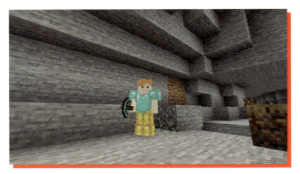

こたえ ☐個

+αの攻略メモ　ツルハシは非常用武器としても使える。素材レベルが1上がるとダメージも1増えるよ。

187日目 算数

もくひょう ⏱ 60秒

▶ 石のブロックをたどって、右下のダイヤモンドまでたどりつきたい。モンスターがわかないように石のブロック3個につき1本の松明を使うことにした。もっている松明は5本だ。どのルートで行けば松明を使い切ってダイヤモンドにたどりつけるかな？

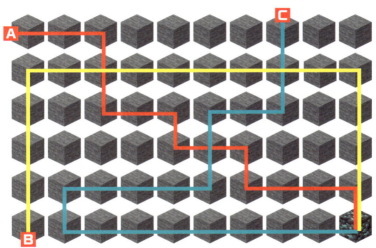

ダイヤモンド

松明は絶対に3個につき1本だよ！

188日目 社会

もくひょう ⏱10秒　クリアした日 ☐月☐日

▶ さまよっていると雪原バイオームにたどりついたよ。A〜Cのなかで、もっとも雪が多い都道府県はどこ？

A 北海道　**B** 静岡県　**C** 岡山県

+αの攻略メモ　雪原バイオームの天気が雷雨になると、雪が降ってくる。

189日目 算数

▶ ベッドを1つつくるには、羊毛4個と板材3個が必要。羊毛14個と、板材を9個もっていて、ベッド3つをつくったら羊毛は何個あまるかな？

こたえ ◯個

190日目 理科

▶ 海の水は手に持てないから、バケツに入れないと運べないし、地面に置いても流れていってしまうね。水のような物質の状態のことを何というかな？

A 気体

B 液体

C 固体

▶「ゾンビをたおすには、朝になるのを待てばいいよ。
（　　　）、ゾンビは太陽の光に弱いからね」
カッコにあてはまる言葉はどれ？

A しかし　B だから　C なぜなら

算数

⏱ 10秒　クリアした日 ☐月☐日

▶ パンダを飼うためにブロックで柵をたて6マス、よこ8マスでつくったよ。もし1マスがたて1m、よこ1mだったらパンダがいる柵の内側部分の面積は何m²になるかな？

四角形の面積の求め方はたての長さ×よこの長さだよ

レベル 4

こたえ

☐ m²

こたえ　219ページ

193日目 社会 めくひょう 10秒

▶ジャングルを抜けると砂漠バイオームにたどりついたよ。日本にも砂漠の丘「砂丘」がある場所があるけど、もっとも大きな砂丘がある都道府県はどこ？

A 鳥取県　B 鹿児島県　C 山形県

+αの攻略メモ　砂漠にゾンビがスポーンしようとすると80％がハスクとして生まれるよ。

194日目 算数

⏱ 10秒

▶ 下の画像の家には1875個のブロックが使われているよ。1875を四捨五入して、百の位までのがい数にすると、約何個といえるかな？

がい数は「おおよその数」という意味だよ

こたえ
約　　　　　個

▶「暗いところに、敵が（　　）していたよ。まだまだ戦いは（　　）しそうにない」
2つのカッコにあてはまらないのはどの言葉かな？

戦いはこれからだ！

A 終結　**B** 集結　**C** 収結

算数

▶ 普通のレールを10個、つぎにパワーレールを1個、という順番でレールをまっすぐにならべたい。
100マスレールを置いたときにパワーレールは何個置かれているかな？

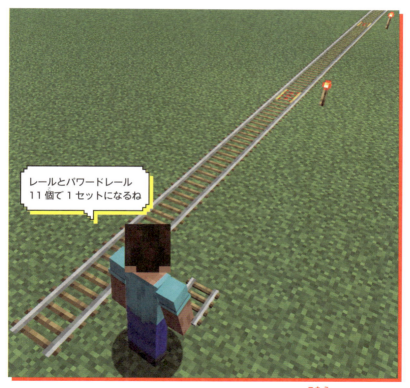

レールとパワードレール 11個で1セットになるね

こたえ 　　　個

197日目 国語 もくひょう 30秒 クリアした日 ▢月▢日

▶ 作業台の漢字を組みあわせてできる四字熟語は何かな？ 使わない漢字もあるよ。

作業台

花	草	一
川	鳥	石
二	三	四

マイクラの達成度に応じて表示される「進捗」にもこの四字熟語が出てくるよ

A 一石二鳥
B 三花四川
C 花鳥風月

198日目 算数

⏱ 10秒

▶ おなじ高さの足場を使って、支柱のある立体的な鉄道網がつくれそう。
このレールと地面は、どんな関係にあるかな？

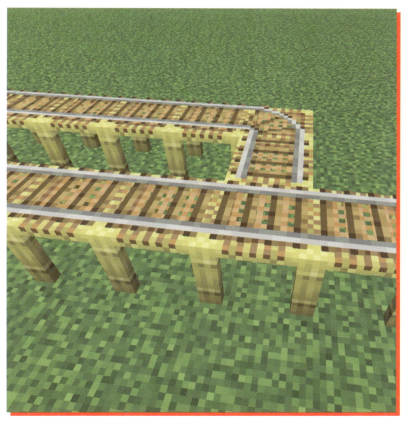

A ななめ　**B** 垂直　**C** 平行

199日目 国語 ⏱10秒

▶青色のオウムがいるよ。オウムが飛ぶようすを表している言葉として正しいものはどれかな？

A ぱたぱた

B はらはら

C はきはき

実際に声に出してみよう！

200日目 算数 ⏱30秒

▶かまどで肉1個を焼くのに10秒かかり、石炭1個を燃料にすると80秒燃え続けるよ。
石炭1個で何個の肉を焼くことができるかな？

こたえ　　　個

+αの攻略メモ　ベッドでは、夜になっていないと寝られないよ。

英語

▶ 探索から帰ってきたよ。家のベッドでひと休みしよう。下の画像から家に帰るには、この先の十字路をどう進んだらいいかな？ 英語の表現として正しいものを選ぼう。

A go straight **B** turn right **C** turn left

▶ ゾンビに「負傷のポーション」を投げたら、体力が回復してしまった。このようなことをことわざで何という？ カッコに入る言葉をこたえよう。

「火に（　）を注ぐ」

こたえ

▶ 棒1本と鉄インゴット6個でレールが16個できるよ。240個レールをつくるには、棒と鉄インゴットはそれぞれいくつ必要かな？

1本 + 6個 = 16個

こたえ

棒　　　　本

鉄インゴット　　　　個

204日目 国語

もくひょう ⏱10秒　クリアした日　月　日

▶ マイクラでは体力がすべてなくなると、プレイヤーは初期スポーン地点で復活するけど、アイテムはうしなうよ。「うしなう」を漢字にしたとき、送りがなが正しいものはどれかな？

その場にアイテムだけが残るよ

A 失しなう　B 失なう　C 失う

+αの攻略メモ　プレイヤーが死ぬとアイテムはその場にまき散らされるよ。基本すべてのアイテムが落ちるけど、時間がたつと消えていくので回収するならお早めに。

算数

▶ 試練の間にある「試練のスポナー」は、30分のクールタイムでリセットされ、また敵がスポーンするよ。3時間マイクラをすると何回敵がスポーンするかな？

こたえ　　　　回

206日目 国語 ⏱10秒 クリアした日 ☐月☐日

▶「エンダードラゴンをたおすため、装備の強化に努める」
「努める」の読み方はどれかな？

A きわめる

B つとめる

C とどめる

207日目 算数 ⏱20秒 クリアした日 ☐月☐日

▶「溶岩入りバケツ」1個を燃料にすると、ガラスブロックが100個つくれるよ。ガラスブロックを950個つくるのに、溶岩入りバケツは何個必要かな？

こたえ ☐個

+αの攻略メモ　水に向かって溶岩入りバケツで溶岩をまくと、黒曜石になる。つまり安全な地上で黒曜石の入手が可能になるよ。

► 雪が多く降る地域では、屋根の形に特徴があるよ。どんな形をしているかな？

A 屋根が平ら

B 屋根が逆Vの字型

レベル4

C 屋根がVの字型

マイクラでは雪が積もって困ることも、屋根から雪が落ちることもないよ

こたえ　221ページ

195

209日目 国語 もくひょう 10秒 クリアした日 ／月 ／日

▶「村人との取引の（　）を逃さないように、エメラルドを常にもち歩く」
カッコに入る言葉は何かな？

チャンスを逃すわけにはいかない！

A 機械
B 機会
C 器械

210日目 英語 もくひょう 10秒 クリアした日 ／月 ／日

▶「TNTを使って遊んでいたら誤って自分の拠点を吹き飛ばしてしまい、悲しくなった」
「悲しい」を意味する英語はどれかな？

A tired
B hungry
C sad

ブロックが置ける最大の高さは320だけど、たとえばその頂上でTNT爆発を起こせばもっと上まで移動すること自体はできるよ。

211日目 社会

もくひょう ⏱ 10秒

▶ とにかく高い建物をつくろうとたくさんブロックを重ねたけど、320個分が限界みたい。日本でいちばん高い山は何mかな？

ちなみに世界一高い山であるエベレストの高さは8848mだよ

こたえ □ m

212日目 算数

もくひょう ⏱30秒　クリアした日 ☐月☐日

▶ マイクラのワールドはたて6000万マス、よこ6000万マスの広さなんだ。つまりワールドの面積をマスで表すと3600000000000000マスの広さだね。これを別の書き方で書くと正しいのはどれかな？

1万はゼロが4つ
1億はゼロが8つ！

A 3600万マス　**B** 3600億マス　**C** 3600兆マス

+αの攻略メモ　ワールドのサイズぎりぎりの座標±29999872から先では、ネザーポータルをつくっても動作しなくなるよ。

213日目 英語　もくひょう 10秒

▶「空を滑空して移動できるエリトラで飛ぶ練習をしていたら、まちがえて溶岩に突っ込んでしまったよ」
「飛ぶ」を意味する英語はどれかな？

A fly

B stand

C sit

214日目 国語　もくひょう 10秒

▶「夜が（　　）までベッドで待つ」
カッコに入る言葉は何かな？

A 開ける

B 明ける

C 空ける

こたえ　222ページ

▶「エンダーマンがいる。すばやく動くから要注意だ。絶対、目をあわせてはいけない」
「あわせて」を漢字にするとどう書くかな？

こたえ

▶ たて5マス、よこ10マスのスペースに花を植えていくよ。図のようにポピーとヒスイランが交互にならぶように植えていくと、花はそれぞれいくつ必要かな?

1個の土ブロックは1マス分で、そこに植えられる花は1本だよ

A ポピー20本、ヒスイラン30本

B ポピー25本、ヒスイラン25本

C ポピー30本、ヒスイラン20本

217日目 算数
もくひょう ⏱20秒 クリアした日 ☐月☐日

▶ たて5マス、よこ9マスのスペースに木を植えていくよ。左下に1本苗木を植えて、となりの木まで3マス空ける。こうして、たてとよこに植えていくと、苗木はぜんぶで何本必要かな？

苗木が1本で1マス分のスペースを使うよ

こたえ ☐本

+αの攻略メモ　苗木は葉をこわすとまれにドロップするよ。確率はジャングルの苗木のみ2.5%、そのほかの苗木は5%となっているよ。

218日目 理科　もくひょう 10秒　クリアした日　月　日

▶ 海にもぐって、タラ、サケ、フグを手に入れたよ。この中で毒がある魚はどれかな？

A タラ
B サケ
C フグ

219日目 算数　もくひょう 30秒　クリアした日　月　日

▶ かまどでは石炭1個で8個の肉を焼くことができる。肉を120個焼きたい。
石炭を燃料にするとき、石炭は何個必要かな？

石炭

こたえ
個

こたえ　222ページ

220日目 国語

もくひょう ⏱ 10秒

▶「家の中にゾンビがたくさん入ってくるとぜんぶたおすのが大変だよね。まさに（　）の手もかりたい状態だよ」
カッコに入る言葉はどれかな？

A オオカミ

B ネコ

C トリ

+αの攻略メモ　どうしても木材系の素材で家をつくることになるマイクラに火事はつきもの。落雷による火事を防ぐために、避雷針は必須のアイテムだよ。

221日目 算数

もくひょう ⏱30秒

▶ かまどは石炭1個で8個の肉を焼くことができる。今、肉を1150個焼きたい。
石炭を燃料にするとき、石炭は何個必要かな？

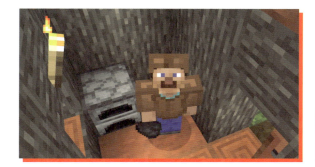

こたえ □個

222日目 理科

もくひょう ⏱10秒

▶ 雷が避雷針に落ちて助かったよ。現実の避雷針のおもな材料としてよく使われているものはどれかな？

A 木
B 石
C 銅

こたえ 222〜223ページ

223日目 算数

もくひょう ⏱ 20秒

▶ マイクラではいろいろな動作をすると、満腹度が減るよ。消費度が大きいほど満腹度が減るのだけど、つぎの動作のうち、いちばん満腹度が減るのはどれかな？

A ブロックの破壊

1ブロックごとに消費度「0.005」

B ダッシュ

1mごとに消費度「0.1」

C ジャンプ

1回ごとに消費度「0.05」

+αの攻略メモ　じつはマイクラには見えないかくし満腹度があって、満腹度が減るときはまずそこから減っていく。直前に食べたものでかくし満腹度は決まるよ。

224日目 社会

もくひょう ⏱10秒

▶ いつも探索している場所とはちがう場所に進んでいったら、山の中にやってきたよ。山が多い地形を山地というけど、日本で世界文化遺産に登録されている山地はつぎのうちどれ？

世界文化遺産に登録する目的は、世界的に重要な文化や自然遺産を保護するためだよ

A 石狩山地　**B** 白神山地　**C** 中国山地

225日目 国語 ⏱10秒 クリアした日 ___月___日

▶「海底神殿で見つけたプリズマリンブロックの色が変わっている気がした」「調べることにしたよ」
この2つの文をつなげるときに使う言葉はどれかな？

A だから

B しかし

C または

226日目 理科 ⏱10秒 クリアした日 ___月___日

▶さくらの木を使って家をつくったよ。日本ではさくらは春夏秋冬のどの季節に見ることができるかな？

さくら

こたえ

+αの攻略メモ　さくらは基本的に桜バイオームにのみ生成される。山岳バイオームあつかいなので、行きたい場合は高所をめざすといいよ。

▶ ゾンビに攻撃されたら、体力ゲージが1.5個分減ったよ。ゾンビに3回攻撃されたら、体力ゲージは何個分減るかな？

▶ カッコにはおなじ音の言葉が入るよ。何が入るかな？
「スイカが（　　）」「ジュークボックスから音が（　　）」
「村人がゾンビに（　　）」

日本語には音がおなじでも別の意味の言葉がたくさんあるね

A できる　B なる　C 出る

229日目 理科

もくひょう ⏱10秒　クリアした日 ☐月 ☐日

▶ 寒い地域では氷ブロックを手に入れられるよ。
水がこおって氷になる温度は何度かな？

水が沸とうするのは100度だよ

こたえ ☐度

こたえ 223ページ

230日目 算数

もくひょう ⏱20秒　クリアした日　月　日

▶チェストを見つけたよ。この中にダイヤモンドが入ってるんだけど、その数は「4でも6でも割りきれて、20個より少ない数」らしい。ダイヤモンドの数は何個？

4と6の倍数を書き出してみよう！

こたえ　　個

理科

もくひょう ⏱10秒　クリアした日 ☐月☐日

▶月が時間がたつにつれて動いたよ。
動いた方角が正しいのはどれかな？

月

月も太陽とおなじように動くよ

A 東→西　**B** 西→東　**C** 北→南

こたえ　224ページ

もくひょう 20秒 クリアした日 [ ]月[ ]日

▶ クッキーは小麦2個とココアビーンズ1個でつくれるよ。小麦348個を使ってできるだけ多くのクッキーをつくるには、ココアビーンズは何個いるかな？

クッキー

こたえ
[   ] 個

もくひょう 10秒 クリアした日 [ ]月[ ]日

▶ マイクラの地形ブロックの大半はこの形（立方体）だよ。英語で何というかな？

A cube

B rectangle

C round

クッキーはオウムには毒になる。これは中にココアが入っているせい。登場当初はむしろ繁殖アイテムだったけど、ユーザーからの指摘で変更になったよ。

234日目 社会

もくひょう ⏱ 15秒　クリアした日 　月　日

▶ 今いる場所から見ると、村は北にあるよ。
ネザーゲートはどの方角にあるかな？

A 北東

B 東南

C 北西

自分の目線からだと、ネザーゲートはななめ右前の方向にあるね

こたえ　224ページ

235日目 理科

もくひょう ⏱15秒　クリアした日 　月　日

▶ レッドストーントーチを使うと動力が発生し続けて、ピストンなどの装置を動かすことができるよ。現実の世界で、電気を流して動力を生み出す道具はどれかな？

残念ながら現実にレッドストーンはないよ……

A リモコン　**B** 豆電球　**C** 乾電池

▶ 下の3つの条件をすべて満たしているものを選ぼう。
① 紫っぽい色をしているよ
② 人の形をしているよ
③ 帽子をかぶっているよ

ぜんぶあてはまってないとだめだよ

レベル4 こたえ

174日目 ▶ P168

三日

「三日ぼうず」とは、あきっぽくて、長続きしないという意味だよ。

175日目 ▶ P169

C（many）

sunnyは「晴れている」、veryは「とても」という意味だね。

176日目 ▶ P169

水

177日目 ▶ P170

90度

図で示した角度は直角なので90度だよ。

178日目 ▶ P170

A（ground）

skyは「空」、soundは「音」という意味だね。

179日目 ▶ P171

B（金）

銅や鉄、金のような、みがくと光りかがやく物質は金属だね。ダイヤモンドやラピスラズリは宝石というよ。

180日目 ▶ P172

4個
式）**12÷3＝4**

181日目 ▶ P172

A（eye）

earは「耳」、mouthは「口」という意味だね。

182日目 ▶ P173

C（つぶろう）

「目をつぶる」とは、見て見ないふりをしたり、知らないふりをしたりすることだよ。

183日目 ▶ P174

トーチフラワー
式）**50÷3＝16…2**
3種類の作物を1セットとしてくり返していくと16セットまで植えられるよ。あと2本で50番目になるからこたえはトーチフラワーだね。

184日目 ▶ P175

B（だから）

前の文を理由とする文がつぎに来ているから、「だから」が入るよ。

218

185日目 ▶ P176
A（twenty）
thirtyは「30」、fortyは「40」という意味だよ。

186日目 ▶ P176
750個
式) **250×3＝750**

187日目 ▶ P177
A
Aのルートだとぴったり5本の松明を使ってたどりつける。Bは6本、Cは7本松明がないとダイヤモンドまでは行けないね。

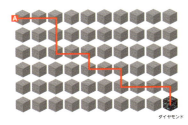

188日目 ▶ P178
A（北海道）
雪が多い地域は3つの中では北海道だね。

189日目 ▶ P179
2個
式) **14−4×3＝2**

190日目 ▶ P179
B（液体）
水のような状態を液体というね。石や鉄鉱石などは固体、酸素などは気体というよ。

191日目 ▶ P180
C（なぜなら）
「なぜなら」は前の文の理由になる文がつぎにくるときに使うよ。

192日目 ▶ P181
24㎡
式) **4×6＝24**
柵の内側は、たて4マス、よこ6マス分だよ。

193日目 ▶ P182
A（鳥取県）
鳥取県には、風で運ばれた砂がたくさんあつまった鳥取砂丘があるよ。

194日目 ▶ P183
約1900個

百の位までのがい数にするということは、十の位を四捨五入すればいいね。十の位を四捨五入するとくり上がるので、1900個になる。

195日目 ▶ P184
C（収結）

収結という言葉はないよ。集結はあつまること。終結は物事が終わりになることだね。

196日目 ▶ P185
9個

11個目、22個目……とパワードレールを置くと、99個レールを置いたときには9個目のパワードレールを置くことになるね。

197日目 ▶ P186
A（一石二鳥）

「一石二鳥」とは、1つのことをして、2つの利益をえることのたとえだよ。

198日目 ▶ P187
C（平行）

レールと地面は交わらないから平行な関係だね。

199日目 ▶ P188
A（ぱたぱた）

「はらはら」は軽いものが静かに落ちるようす、「はきはき」は態度やもののいい方がはっきりしているようすを表しているよ。

200日目 ▶ P188
8個

式）**80÷10＝8**

201日目 ▶ P189
C（turn left）

家に帰るには、左に曲がったらいいのでturn left、つまり「左へ曲がる」が正しいね。
go straightは「まっすぐ進む」、turn rightは「右へ曲がる」という意味だよ。

202日目 ▶ P190
油

「火に油をそそぐ」は、状況をさらに悪くしてしまうという意味のことわざだよ。

203日目 ▶ P191
棒15本、鉄インゴット90個
式) 240÷16=15
　　1×15=15
　　6×15=90

204日目 ▶ P192
C（失う）
「うしなう」は漢字で「失う」と書くよ。

205日目 ▶ P193
6回
式) 180÷30=6
3時間は180分。6回スポーンするね。

206日目 ▶ P194
B（つとめる）
「努める」とは一生懸命がんばること。

207日目 ▶ P194
10個
式) 950÷100=9…50
　　9+1=10
溶岩入りバケツが9個だと900個のガラスブロックしかつくれないので、残り50個をつくるためにもう1個必要だね。

208日目 ▶ P195
イ（逆Vの字型）
雪の重みで屋根がくずれ落ちないようにするために、雪が自然と落ちるような形にしているよ。

209日目 ▶ P196
B（機会）
「機会」は、何かをするのにちょうどよいときという意味だよ。

210日目 ▶ P196
C（sad）
tiredは「つかれている」という意味で、hungryは「おなかがすいている」という意味だね。

211日目 ▶ P197
3776m
日本でいちばん高い山は富士山。その高さは3776mだよ。

212日目 ▶ P198
C（3600兆マス）
0が4個で万、0が8個で億、0が12個で兆をつける数になるよ。

213日目 ▶ P199
A（fly）
standは「立つ」、sitは「座る」という意味だね。

214日目 ▶ P199
B（明ける）
「開ける」はまどやとびらなど、「空ける」は予定や席などに使うよ。

215日目 ▶ P200
合わせて
まちがえやすい「会わせる」はだれかに会うときに使うよ。

216日目 ▶ P201
B（ポピー 25本、ヒスイラン 25本）
式）5×10＝50
　　50÷2＝25
それぞれ25本ずつ必要だね。

217日目 ▶ P202
6本
式）2×3＝6
たては2本、よこは3本までしか苗木は植えられないから6本あればいいね。

218日目 ▶ P203
C（フグ）
フグは、内臓や皮などに毒をもつ種類がほとんどだよ。

219日目 ▶ P203
15個
式）120÷8＝15

220日目 ▶ P204
B（ネコ）
「ねこの手もかりたい」は、いそがしすぎて、だれでもいいから手伝ってほしいという意味のことわざだよ。

221日目 ▶ P205
144個
式）1150÷8＝143.75
　　143＋1＝144

222日目 ▶ P205
C（銅）
雷は雲と地面の間を通る大きな力をもった静電気。金属は電気を通しやすい性質をもっているから、避雷針に使われているよ。この中で金属なのは銅だけだね。

223日目 ▶ P206
B（ダッシュ 1mごとに消費度「0.1」）
小数点から右に0が増えるごとに数字は小さくなるから、数字が大きい順にならべると0.1＞0.05＞0.005となるよ。

224日目 ▶ P207
B（白神山地）
青森県と秋田県の県境に位置していて、貴重な植物や動物がたくさん生息しているよ。

225日目 ▶ P208
A（だから）
「だから」は原因や理由を表す接続詞だよ。

226日目 ▶ P208
春
さくらは3月〜5月にかけて開花するよ。季節でいうと春だね。

227日目 ▶ P209
4.5個
式）
```
   1.5
×  3
―――
   4.5
```

228日目 ▶ P210
B（なる）
カッコにはすべて「なる」が入るよ。「音ができる」とはいわないし「ゾンビに出る」もおかしい。

229日目 ▶ P211
0度
水は0度でこおるよ。

230日目 ▶ P212
12個
4でも6でも割りきれるということは公倍数を見つければいいね。それぞれの倍数は、
4、8、12、16、20……
6、12、18……
となるよ。共通していて20より少ない数だから12個だね。

231日目 ▶ P213
A（東→西）
月も太陽とおなじで東から西に動くよ。

232日目 ▶ P214
174個
式）**348÷2=174**

233日目 ▶ P214
A（cube）
rectangleは「長方形」、roundは「丸」という意味だね。

234日目 ▶ P215
A（北東）
北と東の間の方角は北東。

235日目 ▶ P216
C（乾電池）
「乾電池」は導線をつなぐと電気が流れる道具だよ。

236日目 ▶ P217
C
エンダーマンは紫っぽい色だが人の形ではなく、帽子もかぶっていない。村人は、人の形はしているけど紫ではない。こたえはCのウィッチだね。

少しずつむずかしくなってきたけどがんばろう！

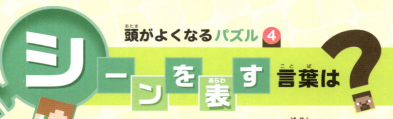

頭がよくなるパズル ❹ シーンを表す言葉は？

マイクラをプレイしているといろいろな場面があるね。
場面にあったことわざや、四字熟語、慣用句を考えよう。

Q1 この場面はどんなことわざを表しているかな？

シーン

ネザーはほとんどのところが昼も夜も明るいから、松明を置いても敵はわいてくるよ。全然意味がないね……。まさに「月夜に〇〇」ってことわざがぴったり！

Q2 この場面はどんな四字熟語を表しているかな？

シーン
ファントムは24時間、眠らずに活動していると出現するよ。しかも眠らない時間がのびるほど、ファントムも増えるんだ。まさに「不○不○」で遊んでいるとあらわれる敵だね。

Q3 この場面はどんな慣用句を表しているかな？

シーン
気づいたら家の前にケーキが3つも置いてあってびっくり！ おもわず、「○を○くして」おどろいてしまったよ。

Q4 この場面はどんな四字熟語を表しているかな？

シーン
オンラインプレイでそれぞれオリジナルの旗をつくって家の前に貼って発表したよ。われながらうまくできたと思う。まさに「自〇自賛」だ。

Q5 この場面はどんなことわざがあてはまりそう？

シーン
1人で暮らすのがさびしくなったから、村にやってきたよ。いつも鉱石を採掘しているところからは遠いけど、「住めば〇」というからきっと楽しいはず！

Q6 この場面はどんなことわざを表しているかな？

シーン
満腹度がゼロになってしまった。何もしていなくてもダメージを受けてしまう。食料は、食べると食中毒状態になってしまう腐った肉しかないけど、「○に○はかえられない」から食べているよ。

こたえ

Q1 背に腹はかえられぬ
さし迫った危機に対して、ほかに方法という意味のことわざだよ。月と腹ぐらい大事に思えばなくていいがある。

Q2 不撓不屈
困難なことがあっても心折れず、一度腐ったものでも食中毒するという覚悟の四字熟語だよ。

Q3 目をよくする
おそろしいで目をようすを表す使用句だよ。

Q4 自画自賛
自分の行動や自分の作品を、自分で褒めることだよ。

Q5 臨機応変
不測な場所でも素早く判断して、目的に沿った行動や判断をするという意味の四字熟語だよ。

Q6 背に腹はかえられない
大事なことをするために、多少の犠牲はしかたないという意味だよ。

レベル 5

算数　国語　理科　社会　英語

ほとんどが5年生の知識で解ける問題だよ。割合や主語述語の関係、かんたんな英語フレーズにも挑戦してみよう！

237日目 算数

もくひょう ⏱ 20秒

▶ ゾンビがたくさんわいていたので、矢をたくさん使っちゃった。90本の矢をもっていて、その$\frac{1}{5}$を使ったよ。使った矢は何本かな？

こたえ 本

238日目 英語

家の中にお風呂をつくってみた。「お風呂に入る」を英語にするとどうなる？ カッコにあてはまる言葉は？

"(　　　) a bath"

have も take も make も使い方によっていろいろな意味になるよ

A have　**B** take　**C** make

▶ 村人がゾンビによってたおされてしまうと、「村人ゾンビ」になるんだ。「村人ゾンビ」のように2つ以上の言葉が合体した言葉を何というかな？

A 合体語　**B** 複合語　**C** 合成語

村人ゾンビは、スプラッシュ弱化のポーションをぶつけたあとに「金のリンゴ」をあたえることで治療できる。金のリンゴを食べさせてから数分後に治るよ。

240日目 社会

もくひょう ⏱10秒

▶森を守るためには、木を切ったら新しい木を植えないとね。下の画像のように森林を管理しながら守り、木材を生産する産業を何という？

森の木を切る

新しい木を植える

森林を守り整備するのも、この仕事の大きな役割だよ

木が育つ

森が守られる

こたえ　286ページ

理科 ⏱10秒 クリアした日 ＿月＿日

▶ ニワトリやオオカミ、ネコ、ウシをつかまえたよ。現実の世界において、この中で子どもの生まれ方がちがうのはどれ？

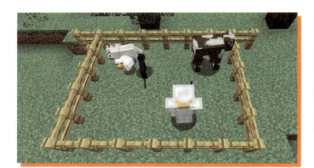

A ニワトリ
B オオカミ
C ネコ
D ウシ

算数 ⏱20秒 クリアした日 ＿月＿日

▶ ぜんぶでアイテムを54個収納できるラージチェストには、バケツが15個入っているよ。全体に対してのバケツの割合を分数でこたえよう。こたえは約分してね。

こたえ

▶海水から家を守るために防波堤をつくったよ。
こんなふうに自然災害や火事などから身を守る対策のことを何というかな？

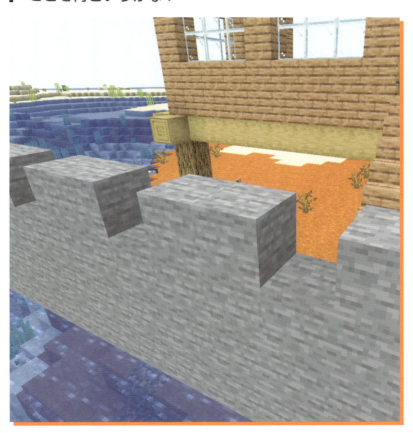

A 防災　**B** 災防　**C** 防然

244日目 国語 ⏱10秒 クリアした日 月日

▶「暗いと敵と味方の区別がつかないから視界を明るくするポーションを飲んだよ。これで（　　　）だ」
カッコにあてはまる四字熟語を何というかな？

ポーションのおかげでよく見えるようになった！

A 一攫千金　**B** 一目瞭然　**C** 一刀両断

+αの攻略メモ　暗いところが見えるようになる暗視のポーションは、金のニンジンを材料にすることでつくれるよ。

▶ 村の畑の $\frac{3}{8}$ が小麦畑で、$\frac{1}{8}$ がジャガイモ畑、残りはニンジン畑だよ。ニンジン畑は村の畑全体の何分の何かな？ こたえは約分してね。

収穫したら何がつくれるかなあ

こたえ

もくひょう ⏱ 10秒　クリアした日 ☐月☐日

▶ ブロックを重ねていくと、高い地形がつくれるね。現実の自然にも、まわりより1段と高くて、平らな地形があるけど、それを何ていうかな？

A 台地　**B** 平地　**C** 山地

+αの攻略メモ：水を抜きたい場合はスポンジを使うけど、水を吸わせると濡れたスポンジになってそれ以上は吸収しなくなる。でもかまどで焼けば乾かせるよ！

247日目 算数

もくひょう ⏱60秒　クリアした日 ☐月 ☐日

▶ 海の中にいるような部屋をつくりたい。たて5マス、よこ5マス、高さ5マスの立方体の形にガラスブロックを置いたよ。中の水をぜんぶ抜くために砂ブロックで立方体の中を埋めたい。その場合、砂ブロックは何個必要かな？

頭の中でイメージをふくらませよう！

こたえ ☐ 個

248日目 理科

もくひょう 10秒　クリアした日 ☐月 ☐日

▶ ミツバチが巣でハチミツをつくっているよ。ミツバチはつぎのうち、どの動物の分類になるかな？

A ほ乳類
B こん虫類
C 鳥類

249日目 英語

もくひょう 10秒　クリアした日 ☐月 ☐日

▶ 友達に「クリーパー"creeper"を知っている？」と聞きたい。カッコにあてはまる言葉を選ぼう。

"Do you (　　　) creeper ?"

A wash
B play
C know

+αの攻略メモ　ミツバチは巣にハチミツをため込むけど、それをとろうとするとおそってくる。でも事前に巣の下に焚き火をつけて煙をたけば大丈夫だよ。

250日目 国語 ⏱20秒

▶「スノーゴーレムが雪玉を投げて敵モブの注意をひいてくれていたが、クリーパーに近づきすぎて爆発に巻き込まれてしまった」
この文章の主語は何かな？

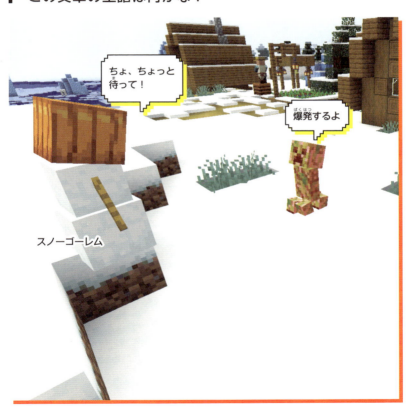

A スノーゴーレム　**B** クリーパー　**C** 敵モブ

▶ ニワトリが生んだ卵を割ると、割った数の $\frac{1}{8}$ の数の卵からはニワトリの子どもが生まれるよ。56個割ると何羽のニワトリが生まれるかな？

こたえ

羽

252日目 国語

▶「雪原バイオームは資源が少ないよ。だから、初心者が拠点をつくるのは大変なんだ」
「だから」は、つぎのうちどの種類の接続詞？

接続詞は言葉と言葉をつなぐ言葉だね

A 順接　B 逆接　C 並列

▶ マイクラでは今いる場所を、座標で表しているよ。現実の世界で、宇宙に打ち上げた衛星を使って位置を特定するシステムを何というかな？

カーナビもこのシステムを使っているよ

A IT　B POS　C GPS

254日目 理科

もくひょう ⏱ 10秒

クリアした日 ☐月 ☐日

▶ 左半分は雨が降っていて、右半分は雪が降っているよ。マイクラではバイオームの種類がちがうからだけど、現実の世界では、どうして雨から雪に変わるのかな？

A 地域がちがう　**B** 夜になった　**C** 気温が下がった

こたえ　287ページ

255日目 算数

もくひょう ⏱ 20秒

▶ 小麦3個で1個のパンができるよ。100個の小麦から10個のパンをつくったら何%の小麦を使ったことになるかな？

10個のパンで小麦は何個使ったかな？

こたえ

%

256日目 国語

⏱ もくひょう **10秒** / クリアした日 ☐月☐日

▶ ドアから出たらクリーパーがいて、爆発してしまった。「爆発」はつぎのうちどれにあてはまる言葉かな？

音読みか訓読みかもポイントだよ

レベル 5

A 外来語　**B** 和語　**C** 漢語

こたえ　288ページ

257日目 社会 ⏱10秒 クリアした日 ___月___日

▶ 木を切っていたらリンゴを手に入れたよ。
日本の都道府県でリンゴがいちばんとれるのはどこかな？

A 青森県
B 秋田県
C 山梨県

258日目 理科 ⏱10秒 クリアした日 ___月___日

▶ 海でイルカに出会ったよ。
イルカはつぎのうち、どの分類の動物になるかな？

A 魚類
B 両生類
C ほ乳類

+αの攻略メモ　ダークオークの葉をこわすと、0.5％の確率でリンゴがドロップされるよ。火事などで燃やして破壊した場合はドロップしないので要注意。

▶ おなじ形の畑を3つつくったよ。そこに小麦を植えて収穫したらそれぞれ48個、35個、40個の小麦がとれたよ。平均で何個とれたことになるかな？

260日目 英語

もくひょう ⏱10秒　クリアした日 　月　日

▶ なかなかエンダードラゴンをたおせない友だちにたおし方を教えてあげたら "Thank you."（ありがとう）といわれたよ。英語でなんと返事をしたらいいかな？

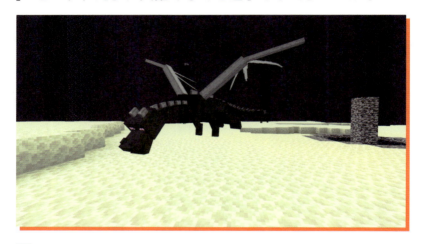

A Hello.

B You're welcome.

C Here you are.

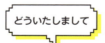

どういたしまして　　ありがとう

英語でも挨拶は大事だね

250　+αの攻略メモ　エンダードラゴンは地上に降りてくると毒の息をはく。毒はしばらく地面にとどまるが、そのときに空のガラス瓶を使うことでドラゴンブレスとして回収できるよ。

261日目 算数

もくひょう ⏱30秒

▶ 4マス進むごとに1本の松明を置くよ。さて135マス進んだとき、置いた松明の数は何本になる？

図を書いてみるとイメージしやすいよ！

こたえ　　　本

262日目 英語　もくひょう 10秒

▶ 焼き豚を食べたら満腹度ゲージがいっぱいになったよ。「私はおなかいっぱい」を英語でなんという？カッコにあてはまる言葉を選ぼう。

"I'm (　　　)."

A tired　**B** sad　**C** full

満腹度が18以上あるときのみ体力が自動回復するよ。また、満腹度が6以下になるとダッシュができなくなる。

263日目 国語 ⏱10秒

▶「ダイヤモンドを見つけた。さらに、近くで金鉱石も発見した」
「さらに」は何という種類の接続詞かな？

A 添加　B 逆接　C 並列

算数

⏱ 60秒

▶ ダメージ軽減のエンチャントはレベルが上がるにつれてダメージが軽減されるよ。もしレベル1につき4％ダメージが減るとして、エンチャントレベル4のヘルメットを装備した状態でエンダーマンからダメージ6の攻撃を受けた場合、どれだけダメージが軽減されるかな？

マイクラのエンチャントとは武器や防具などを強化する効果のことだよ

A 0.096　**B** 0.96　**C** 0.16

+αの攻略メモ　エンチャントはロードしてやりなおしてもおなじものしか候補に出ない。でも、いらないアイテムに一度エンチャントをかけることで候補のリセットが可能だ。

▶「首輪が赤くなったオオカミは、プレイヤーと協力して戦いに参加する」
この文章の述語は何かな？

A 赤くなった

B オオカミは

C 参加する

▶ クッキーはオウムにとって毒になるからあげちゃだめだよ。「鳥」を意味する英語はどれかな？

ちなみにオウムは英語で parrot というよ

A bird

B cat

C dolphin

267日目 国語 ⏱10秒 クリアした日 ☐月☐日

▶「希少なアイテムを見つけた。しかし、インベントリがいっぱいだった」
「しかし」はつぎのうちどの種類の接続詞かな？

A 順接　B 逆接　C 並列

268日目 算数

もくひょう ⏱30秒

▶ たくさんのゾンビがおそってきた！ なんとか9体たおしたよ。その9体は、おそってきたゾンビの2割らしい。あと何体のゾンビが残っているかな？

たおしてもたおしてもきりがない！ 最初は何体いたんだろう……

こたえ　　　　　　　体

269日目 国語 ⏱10秒

▶「地下洞窟の深さをはかるために、座標を確認したよ」
この文章の「はかる」を漢字で書くとどれが正しい？

いろいろな意味のはかるがあるね

A 計る　**B** 図る　**C** 測る

▶ ネザーで5つの要塞を探索して、それぞれ5個、8個、11個、2個、10個のブレイズロッドを見つけたよ。1つの要塞で平均何個見つけた？

こたえが小数になることもあるよ

こたえ ___ 個

算数

▶ 大量のモブがあらわれた。ぜんぶで60体いるみたい。そのうちゾンビが30%だったとしたら、ゾンビは何体いるかな？

こたえ

体

► 乾燥帯バイオームでよく見られる地形だね。現実でも似たように雨が少なく植物がほとんど生えない場所があるけど、そういうところを何という？

雨の量より地面から蒸発する水の量のほうが多ければ大地は乾燥しているよ

A 山脈　B 砂漠　C 平野

こたえ 289〜290ページ

273日目 算数 ⏱10秒 クリアした日 ☐月☐日

▶ マイクラの世界は、基本的にブロックでできているから、ほぼ四角柱の世界といえるよ。
四角柱にはいくつの面がある？

こたえ ☐つ

274日目 理科 ⏱10秒 クリアした日 ☐月☐日

▶ ダイヤモンドを求めて最下層へ向かって採掘しているとかならず出会うものがあるね。現実の地球の地殻の数十km下にも存在する、下の画像のものは何だろう？

A ゴム

B マグマ

C 火の川

+αの攻略メモ　ワールドの最下層にはこわせない岩盤がある。ただし、クリエイティブモードでプレイするときは破壊可能。といっても、穴をあけて落ちると何もない空間をひたすら落下するだけだ。

▶「スライムチャンク（スライムがわいて出てくるバイオーム）のしゅういにトラップを建築していたら、自分がスライムにほういされてしまった」
①しゅうい ②ほうい を漢字でどう書く？

こたえ
❶　　　　❷

276日目 理科 ⏱10秒

▶ マイクラの世界にはいろいろな動物たちがいるね。下の動物たちの中で、現実の世界だと卵から生まれない動物はどれだろう？

A イカ

B カメ

C ブタ

卵を体の外に産む動物を卵生動物というよ

+αの攻略メモ　じつはたて方向にレッドストーン信号を伝えるのはかなりむずかしい。チャレンジしてみてもいいね。ヒントはNOT回路を使う、だよ。

277日目 国語 15秒

▶ マルチプレイ中、先生がつくった複雑なレッドストーン回路を見て、生徒たちは「どうやってつくったの？」と質問したよ。「つくったの」を敬語にしたとき、正しい表現はどれ？

敬語とは相手に敬意を表す言葉づかいだよ

A つくられた　**B** つくりましたか　**C** つくりませんでした

こたえ　290ページ

278日目 算数

もくひょう ⏱20秒　クリアした日 ☐月 ☐日

▶ 小麦3個でパンができるよ。
パンを289個つくるのに小麦は何個必要かな？

数が大きいときは
ひっ算を使おう

こたえ ☐個

279日目 理科

もくひょう ⏱10秒　クリアした日 ☐月 ☐日

▶ ミツバチを使ってハチミツをとる装置をつくったよ。
ハチミツはミツバチの何からとれるかな？

A ミツバチの針

B ミツバチの巣

C ミツバチの幼虫

ハチミツは
花のミツだよ

266　＋αの攻略メモ　ミツバチは中立モブで、なつくことはない。でもリードをつなげられるので、連れて歩くことは可能だよ。

280日目 社会

⏱ 10秒

▶ 家の飾りに使おうと思って海に入ってサンゴをとっていたら、ドラウンドにたおされちゃった。現実世界のサンゴはどんな海にいるかな？

サンゴはたくさんの海の生物のすみかになっているよ

A 暗い海　**B** 深い海　**C** 暖かい海

281日目 国語

もくひょう 10秒

▶「砂漠バイオームに来たら、ストレイの攻撃を受けて移動スピードがおそくなっちゃった」
「スピード」など外国から来た言葉を何という？

外国の言葉はカタカナで書くことが多いね

こたえ

+αの攻略メモ：ストレイは寒い場所にスケルトンがスポーンしようとすると、80%の確率で生まれてくる。また、粉雪にスケルトンが埋もれていると25秒ほどでストレイになるよ。

282日目 理科

もくひょう ⏱20秒　クリアした日 　月　日

▶ マイクラの世界でも雨が降るよ。雨は雲から水が落ちてくる現象だけど、雨のつくられ方としてまちがっているのはつぎのうちどれかな？

A 海や地面の水が水蒸気になってできる

B 空で水蒸気が冷やされて水に変わる

C 雷によって水蒸気が熱せられて水に変わる

こたえ　290ページ

283日目 算数

もくひょう ⏱ 20秒　クリアした日 　月　 日

▶ 畑でスイカの実が育ってきたよ。
25個植えて、今20個スイカの実がなっているんだけど、スイカの実がなっている割合は何％かな？

全体に対してどれくらいあるのかを表すのが割合だよ

こたえ　　　　％

284日目 英語

もくひょう ⏱ 15秒
クリアした日 　月　日

▶ 現実世界のクッキーやケーキは、とてもおいしくてすてきなお菓子だよね。でもマイクラの世界では回復量が１しかないから、あまり魅力的ではないかも。クッキーとケーキを英語で書いたとき正しいのはどれ？

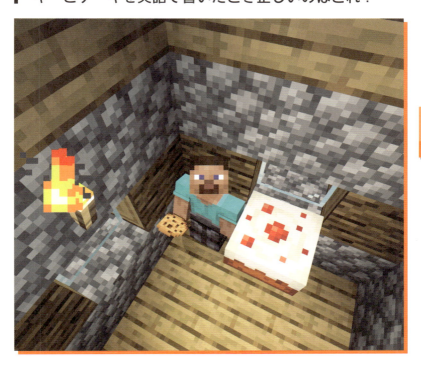

A cooki ／ kake

B kukie ／ caki

C cookie ／ cake

こたえ　291ページ

▶「夜になって村人が急に家に入るのを見ると、なんだか安心する」
「夜」はどんな言葉かな？

A 外来語　**B** 和語　**C** 漢語

▶ ケーキをつくりたくて、ウシからミルクをとったよ。現実で牛乳をつくってくれる乳用牛が、いちばん多く飼育されている都道府県はどこだろう？

こたえ

287日目 算数

もくひょう ⏱15秒

▶農民と取引してアイテムをゲットしたいと思って、村にやってきたよ。村には20人の村人がいるけど、農民はそのうちの4人だった。農民は村人全体の何割？

割合を表す言葉のうち、「%（パーセント）」は百分率、「割」は歩合という考え方だよ

こたえ　　　割

+αの攻略メモ　村人は決められた職業ブロックに触ると転職するよ。無職の村人がいたら、近くに職業ブロックを置けば強制的に転職させることもできるよ。

288日目 理科

もくひょう 🕐 10秒　クリアした日 ☐月 ☐日

▶ 花粉をつけたミツバチを畑まで連れてきたら、作物が一段階成長したよ。このように虫が花粉をもってきて、めしべに花粉がつくことを何というかな？

Ⓐ 受粉　Ⓑ 種子　Ⓒ 開花

こたえ　291ページ

289日目 英語

もくひょう 10秒

▶家の窓をガラスでつくりたいけど、数が足りない。一緒にプレイしている友達に、くれないか英語でたずねたよ。カッコにはどの英語が入る？

"(　　　) you give me some glass?"

give は「あたえる」、some は「いくつか」という意味だよ

A Can　**B** I　**C** What

290日目 国語 ⏱20秒 クリアした日 ☐月☐日

▶「森で見つけた洋館とおなじような家をつくろうと思ったけど、ふくざつなので、だんねんした」
① ふくざつ ② だんねん を漢字で書こう。

構造がよくわからないんだよな……

こたえ
❶　　　❷

291日目 社会

もくひょう ⏱10秒　クリアした日　月　日

▶ マイクラの海は世界全体の面積の約30%をしめているよ。現実の世界では70%をしめているから現実のほうが多いね。日本が面している海のうち、日本列島の南側に広がり、静岡県や和歌山県などの多くの都道府県が面している世界一広い海洋は何？

日本列島とアジア大陸の間にある海は「日本海」というよ

こたえ

292日目 英語

⏱ 10秒

▶ マイクラにはたくさんの染料があって、羊毛などを好きな色に染められるよ。下の文を英語でいうと正しいのはどれかな？

「あなたの好きな色は何色ですか？」

A When color do you like?

B What color do you like?

C Why color do you like?

ここでの色の名前はマイクラでの呼び方だよ

こたえ 291ページ

293日目 算数

もくひょう ⏱30秒　クリアした日 ☐月☐日

▶ 村人が広さ10㎡の部屋に3人いるよ。もし仮に部屋の広さが50㎡になった場合だと、村人が何人いればもとの部屋の場合とおなじ割合になるかな？

こたえ

人

294日目 国語 もくひょう 10秒

▶ 草原でタンポポやチューリップをゲットしたよ。「草原」は2種類の読み方があるけど、漢語ではどう読む？

中国から日本に入ってきた音読みの言葉を「漢語」というよ

こたえ

295日目 英語 もくひょう 10秒

▶ 夜になって外にモンスターがたくさんいるから今日はもう寝よう。マイクラでは、朝になったら自動で起きてくれて、寝坊がないからいいよね。
「起きる」は英語で何という？

「寝る」は go to bed というよ。「眠る」は sleep だね

A morning

B get up

C stand up

296日目 社会 ⏱10秒

▶ ボートに乗って海をひたすら北へ北へと進んでいると、孤島にたどり着いたよ。日本のいちばん北にある島は択捉島だね。
この択捉島に歯舞群島、色丹島、国後島を加えた、北海道の北にある4つの島々のことをまとめて何という？

日本のいちばん南にあるのは沖ノ鳥島、東にあるのは南鳥島、西にあるのは与那国島だよ

こたえ

+αの攻略メモ　マインクラフトの水泳は酸素を消費するから遠くまでは泳げないように思えるけど、水面をひたすらジャンプして前進すれば酸素ゲージは出てこないよ。

297日目 算数

⏱ 20秒　クリアした日 ☐月 ☐日

▶ マイクラで、メイス、ダイヤモンドの剣、ダイヤモンドの斧をつくったよ。たくさんつくったから家に飾っておこう。ある法則にしたがって向きを変えてならべて飾ったよ。下の画像の「？」に入るのはどれ？

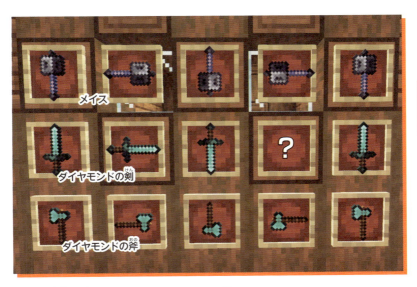

A 右を向いたダイヤモンドの剣

B 上を向いたメイス

C 左を向いたダイヤモンドの剣

▶ パンをたくさんつくるため、すごく広い小麦畑をつくったよ。日本では小麦より米づくりがさかんだよね。広い平地だと田んぼをたくさんつくりやすく、雪が多いと雪どけ水で水不足になりにくいんだ。
そんな米づくりに適した、山形県の平野はどこ？

ちなみに、米の生産量がいちばん多いのは新潟県だよ。コシヒカリという種類の米が有名だね

こたえ

▶ ムーシュルームというキノコの生えためずらしいウシを見つけたよ！ 家に帰ってもう一度おなじ場所につかまえに行ったけどいなかった。このようなことを表すことわざは何かな？ カッコに入る言葉を選ぼう。

「柳の下にいつも（　　　　）はいない」

たまたまうまくいったからといって、おなじようにうまくいくとは限らないね

A 牛

B 黒猫

C どじょう

レベル5 こたえ

237日目 ▶ P230
18本
式)

$$90 \times \frac{1}{5} = 18$$

238日目 ▶ P231
B (take)

239日目 ▶ P232
B (複合語)

240日目 ▶ P233
林業
森林を管理し、木を切って資源にする職業は林業だよ。

241日目 ▶ P234
A (ニワトリ)
ニワトリは卵を生み、そのほかの動物は子をそのまま生むよ。

242日目 ▶ P234
$$\frac{5}{18}$$
式)

$$\frac{15}{54} = \frac{5}{18}$$

3で約分することができるよ。

243日目 ▶ P235
A (防災)
自然災害などから身を守ろうとする取り組みのことを「防災」というよ。

244日目 ▶ P236
B (一目瞭然)
「一目瞭然」は、ひと目見ただけで物事がはっきりとわかるという意味の四字熟語だよ。

245日目 ▶ P237
$$\frac{1}{2}$$
式)

$$1 - \frac{3}{8} - \frac{1}{8} = \frac{8}{8} - \frac{3}{8} - \frac{1}{8}$$
$$= \frac{4}{8} = \frac{1}{2}$$

約分を忘れずにね。

246日目 ▶ P238
A（台地）
台のようにまわりより高くて、平らな地形を「台地」というよ。

247日目 ▶ P239
27個
式) 5−2=3
　　3×3×3=27
部屋の内側には1辺が3マスの立方体が入るから、27個の砂ブロックが必要だね。

248日目 ▶ P240
B（こん虫類）

249日目 ▶ P240
C（know）
washは「洗う」、playは「遊ぶ」「演奏する」、という意味だね。

250日目 ▶ P241
A（スノーゴーレム）
主語は「だれが」や「何が」にあたる部分だよ。

251日目 ▶ P242
7羽
式) $56 \times \dfrac{1}{8} = 7$

252日目 ▶ P243
A（順接）
「だから」は順接の接続詞で、前の文が理由を表し、後ろの文がその結果を表すよ。

253日目 ▶ P244
C（GPS）
「GPS」とは、人工衛星から発せられた電波を受信し、現在位置を特定するシステムのことだよ。

254日目 ▶ P245
C（気温が下がった）

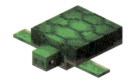

255日目 ▶ P246
30%
式) $3 \times 10 = 30$
　　$30 \div 100 = 0.3$
10個のパンは30個の小麦からつくられるよ。30個はもともとあった100個の何％か考えるためには、30を100で割るといいね。0.3を百分率にすると30％だよ。

256日目 ▶ P247
C（漢語）

257日目 ▶ P248
A（青森県）
リンゴの収穫量日本一は青森県。秋田は米、山梨はブドウやモモが有名だよ。

258日目 ▶ P248
C（ほ乳類）
イルカは海にすむほ乳類だよ。

259日目 ▶ P249
41個
式) $48 + 35 + 40 = 123$
　　$123 \div 3 = 41$
平均は41個だね。

260日目 ▶ P250
B（You're welcome.）
Hello. は「こんにちは」、Here you are. は何かをわたすときに使うよ。

261日目 ▶ P251
33本
式) $135 \div 4 = 33.75$
4マスごとに1本の松明を置くので全体の135を4で割ればいいね。33.75ということは、34本目はいらないということだからこたえは33本だよ。

262日目 ▶ P252
C（full）
I'm tired. は「つかれている」、I'm sad. は「悲しい」という意味だね。

263日目 ▶ P253
A（添加）
「さらに」は添加の接続詞で、前の文の内容に新しいことがらをつけ加えるときに使うよ。

264日目 ▶ P254
B（0.96）
式）4×4=16
6×0.16=0.96

エンチャントレベル4だと、ダメージは16%軽減されるね。16%＝0.16だから、ダメージ6の攻撃を受けると、0.96のダメージが軽減されるよ。

265日目 ▶ P255
C（参加する）
述語は「何をする」「どうなった」にあたる部分だよ。

266日目 ▶ P255
A（bird）
catは「ネコ」、dolphinは「イルカ」のことだね。

267日目 ▶ P256
B（逆接）
「しかし」は逆接の接続詞で、前の文とは反することがあとの文に続くものだよ。

268日目 ▶ P257
36体
式）9÷0.2=45
45-9=36

9体のゾンビが全体の2割の数だから、ゾンビはぜんぶで45体いるね。すでに9体たおしたから、残りは36体だね。

269日目 ▶ P258
C（測る）
「計る」は、時間や数などをはかるときに、「図る」は、あることができるように計画するときに、「測る」は、長さ・高さ・深さ・広さなどをはかるときに使うよ。

270日目 ▶ P259
7.2個
式）5+8+11+2+10=36
36÷5=7.2

271日目 ▶ P260
18体
式）60×0.3=18

272日目 ▶ P261
B（砂漠）
雨が少なくて乾燥しているところ
は、砂漠が多いよ。

273日目 ▶ P262
6つ

274日目 ▶ P262
B（マグマ）
地球の地下深くにはマグマがある
よ。

275日目 ▶ P263
①周囲
②包囲

276日目 ▶ P264
C（ブタ）
ブタはほ乳類なので、お母さんの
おなかの中である程度成長してか
ら生まれる。それに対してイカと
カメは卵で生まれるよ。

277日目 ▶ P265
B（つくりましたか）

278日目 ▶ P266
867個
式）

```
      289
×       3
      867
```

279日目 ▶ P266
B（ミツバチの巣）
ハチミツは、ミツバチが花からあ
つめたミツをもとに、巣の中でつ
くられるよ。

280日目 ▶ P267
C（暖かい海）
サンゴは、暖かい熱帯や亜熱帯の
海に生息していて、とくに透明度
の高い浅い海にいるよ。

281日目 ▶ P268
外来語

282日目 ▶ P269
**C（雷によって水蒸気が熱せら
れて水に変わる）**
地表の水が温められると水蒸気に
なって上空へ上がるよ。上空は寒
いから冷やされて水や氷の粒に
なって、雲になるんだ。

283日目 ▶ P270
80%
式) 20÷25=0.8
　　0.8=80%

284日目 ▶ P271
C (cookie / cake)

285日目 ▶ P272
B (和語)
漢字で書かれていても、訓読みで表されるなら和語だよ。

286日目 ▶ P273
北海道
1位は北海道、2位は栃木県、3位は熊本県だよ。

287日目 ▶ P274
2割
式) 4÷20=0.2
　　0.2×10=2

288日目 ▶ P275
A (受粉)
虫が花粉を運ぶ以外にも風で運ばれた花粉で受粉したり、自分で受粉したりする植物もいるよ。

289日目 ▶ P276
A (Can)
Iは「わたし」、Whatは「何」という意味だよ。Can you ～？で「～してくれませんか？」という意味になるよ。

290日目 ▶ P277
①複雑　②断念
「複」、「雑」、「断」は5年生で習う漢字だよ。

291日目 ▶ P278
太平洋
太平洋は世界でいちばん大きい海で、アジア、オーストラリア、南極、南北アメリカに囲まれているよ。

292日目 ▶ P279
B (What color do you like?)
Whenは「いつ」、Whyは「なぜ」という意味だよ。

293日目 ▶ P280
15人
式) **50÷10=5**
　　3×5=15
部屋の面積が5倍だから人数も5倍の15人だね。

294日目 ▶ P281
そうげん
和語では訓読みで「くさはら」と読むね。

295日目 ▶ P281
B（get up）
morningは「朝」、stand upは「立ち上がる」という意味だよ。

296日目 ▶ P282
北方領土　北方四島
北海道の北東部に位置する択捉島、国後島、色丹島、歯舞群島の4つの島を「北方領土」というよ。また、「北方四島」でも正解だよ。

297日目 ▶ P283
C（左を向いたダイヤモンドの剣）
どれも右回転をしているよ。

298日目 ▶ P284
庄内平野
山形県北西部に位置する庄内平野は、雪どけ水が豊富で、夏の昼夜の気温差が大きいことなどから米づくりに適した地形だよ。

299日目 ▶ P285
C（どじょう）
「柳の下にいつもどじょうはいない」は、たまたまうまくいったとしても、おなじようにうまくいくとは限らないという意味のことわざだよ。

まちがえた問題はあとで再チャレンジしよう！

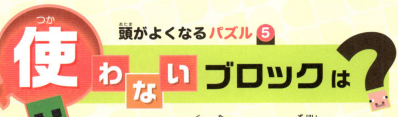

頭がよくなるパズル ⑤
使わないブロックは？

バラバラのブロックを組み立てて、もとの図形にもどそう。
向きを変えて使ってもOK！ 使わないブロックを見つけてね。

Q1 使わないブロックはA～Dのうちどれ？

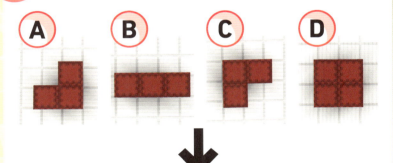

どのように組みあわせると
形がぴったりになるかな？

Q2 使わないブロックはA～Dのうちどれ？

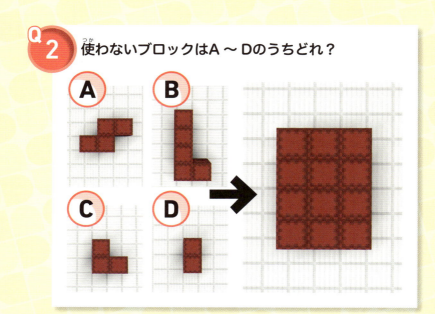

Q3 使わないブロックはA～Dのうちどれ？

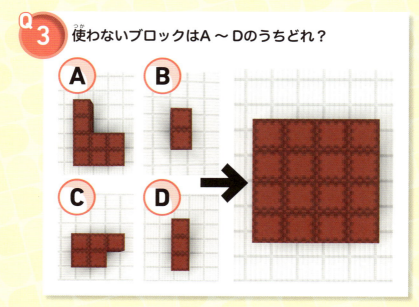

Q4 使わないブロックはA〜Gのうちどれ？

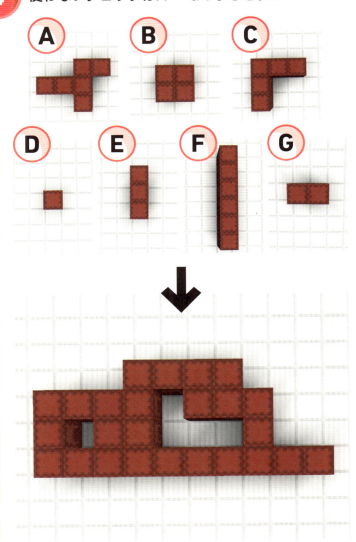

Q5 使わないブロックはA〜Eのうちどれ？

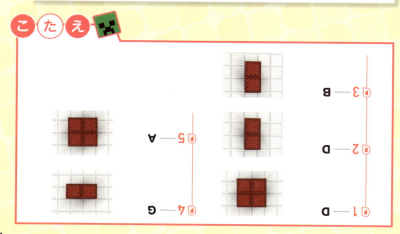

レベル6

算数 国語 理科 社会 英語

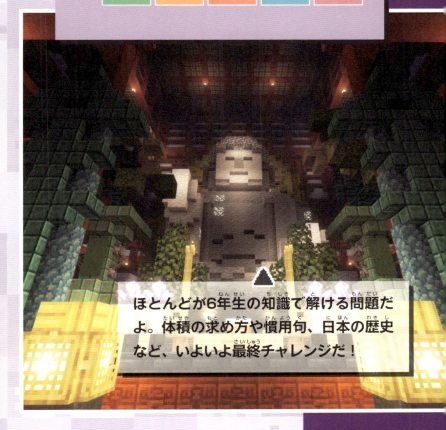

ほとんどが6年生の知識で解ける問題だよ。体積の求め方や慣用句、日本の歴史など、いよいよ最終チャレンジだ！

もくひょう **10秒**　クリアした日 ☐月☐日

A 平等院　**B 伏見稲荷大社**　**C 正倉院**

298　＋αの攻略メモ　上の画像は、Java版用のOptFineという見た目をかっこよくする、いわゆる「影Mod」を使っているよ。水面に反射が見えるのは、水面下に逆さにした地上とおなじ建物があるからだよ。

▶ 藤原頼通がつくったことで知られ、10円硬貨にも描かれている京都にあるお寺の名前は何かな？ 屋根に鳥が乗っているお堂があることでも有名だよ。

池の中島に建てられていて、美しい姿が水面に映るよ

こたえ　　356ページ

301日目 算数

もくひょう ⏱ 60秒 クリアした日 ☐月 ☐日

▶ パンを100個つくったよ。10個食べたら新しく5個のパンをつくることにしよう。
何個パンを食べたら、つくったパンもあわせてぜんぶのパンを食べることができるかな？

まずは、もともとある100個のパンを食べきるまでに何回パンを新しくつくったかを考えよう

こたえ

☐ 個

302日目 国語

もくひょう ⏱ 20秒　クリアした日　月　日

▶ マイクラのアイテムにも二字熟語がよく出てくるね。1文字目と2文字目の漢字の意味が似ているものはどれかな？

A 雪玉

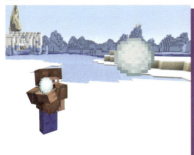

B 絵画

C 木材

D 溶岩

こたえ　356ページ

303日目 英語

もくひょう ⏱10秒　クリアした日　□月□日

▶「これは何?」

今日はじめてマイクラをする友だちとオンラインプレイしたら、石炭を見た友だちが聞いてきたよ。「これは何?」を英語にするとどれかな?

「これは何?」が英語で聞けると英語が通じる外国に行ったとき便利だね

A What's that?

B What's this?

C What's the time?

+α の攻略メモ　石炭は高度96あたりがいちばんつくられやすい。これは地上のちょっと上くらいだから、山などを歩いていれば地面に出ている石炭を見つけやすいよ。

▶ ぼくのポリシーは「木を切ったら苗木を植える」だよ。現実の世界でも木を切ったままにしておくと、どんどん森がなくなったという話を聞くよね。木を切ったら苗木を植えるなど、ずっと住み続けられる世界を目指す取り組みとしてあてはまる言葉はどれかな？

マイクラの世界も自然が豊かで楽しいね

A SUV　**B** SDGs　**C** USB

305日目 社会

もくひょう ⏱ 10秒　クリアした日　月　日

▶ スケルトンの武器は弓矢。日本では、狩りの道具として使われたのがはじまりだよ。
日本で弓矢が使われはじめたのは何時代かな？

昔の弓は木と石でつくられていたらしいよ

A 縄文時代　**B** 奈良時代　**C** 明治時代

+αの攻略メモ　統合版では、大釜にポーションの中身をためておける。そこに矢を使うことで、効果つきの矢になるよ。

306日目 国語

▶ 作業台の中から3つのパーツを選んで漢字を1文字つくろう。完成するのはどれかな？

作業台

刀	刃	立
五	言	月
日	必	心

A 認
B 語
C 暗

307日目 算数

▶ ウシが6頭、ブタが4匹いるよ。ウシとブタの比をもっともかんたんな比で表すとどうなるかな？

こたえ
　　：

▶ マイクラでこんな立体をつくったよ。たてには5段積まれているんだ。仮に1つのブロック（立方体）の1辺が2cmだったとき、この立体の体積はどうなるかな？

いろいろな求め方が考えられそうだね

こたえ

cm³

309日目 英語

もくひょう ⏱ 10秒　クリアした日 ☐月☐日

▶ だれの本かわからなかったから、「これはだれの本？」と英語でいったよ。カッコにあてはまる英語はどれかな？

"( ) book is this?"

この本だれの？

A What

B Where

C Whose

310日目 国語

もくひょう ⏱ 10秒　クリアした日 ☐月☐日

▶ 毎日毎日、石炭や鉱石を掘り続けていたら、ついにダイヤモンドの大鉱脈を発見した。このようなことを表すことわざは何かな？ カッコに入る言葉を書こう。

「( )の上にも三年」

つらいことでもしんぼうして続けるのが大切ということ

こたえ ☐

311日目 算数

⏱ 10秒　クリアした日 [　]月[　]日

▶ 自宅の前に自分のイニシャルのモニュメントをつくろうと思って、ブロックでアルファベットの「M」をつくったよ。ここに対称の軸を書き入れるとするとどこ？

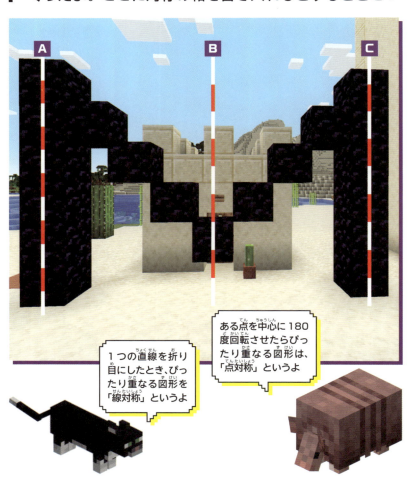

1つの直線を折り目にしたとき、ぴったり重なる図形を「線対称」というよ

ある点を中心に180度回転させたらぴったり重なる図形は、「点対称」というよ

+αの攻略メモ：焚き火は、棒×3、木材系のブロック×3、石炭もしくは木炭×1でつくれるけど、こわしたときはなぜか木炭×2になるよ。

312日目 理科

もくひょう ⏱ 10秒

▶「焚き火」は、肉を焼いたり、明かりとして利用したり、建築に使ったりと幅広く使うことができるね。ものが燃えるときに必要な気体は何かな？

可燃物（燃えるもの）と熱、そしてこの気体がそろうとものが燃えるよ

こたえ

313日目 算数 ⏱10秒 クリアした日 ⬜月⬜日

▶ 小さな家をつくったよ。階段ブロックで屋根をつくったんだ。この建物を上から見るとどの形になる？屋根の形は左右でおなじだよ。

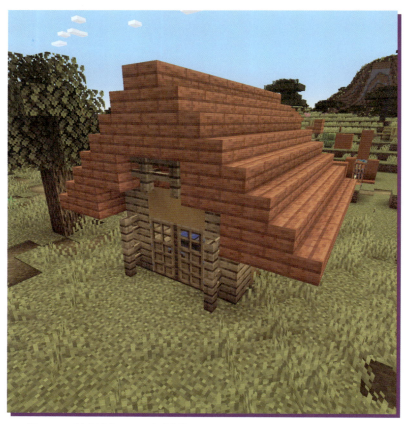

A 円　**B** 三角形　**C** 四角形

+αの攻略メモ　屋根を階段ブロックでつくるのは、家らしい屋根をつくるのにとても有効だよ。四角ブロックの倍のなめらかさでななめが表現できる。

314日目 社会 ⏱10秒

▶ 床が高くなっている倉庫をつくったよ。弥生時代には日本でもこのような高床の倉庫がつくられていたんだ。そこで保管していたものは何かな？

水害や湿気、害虫などから中のものを守るために、床を高くしていたんだって

A 金　B 酒　C 米

こたえ　357ページ

315日目 英語

もくひょう 🕐 10秒　クリアした日　月　日

▶ 氷雪バイオームは、日本の季節でいうと冬に似ているね。冬を意味する英語はどれかな？

- A spring
- B fall
- C winter

316日目 国語

もくひょう 🕐 10秒　クリアした日　月　日

▶ エリトラは、飛び方を説明してもらうよりも実際に飛んでみたほうが、すぐに飛べるようになった。このようなことを表すことわざを何という？　カッコに入る言葉を選ぼう。

「習うより（　　　）」

- A 学べ
- B 行動せよ
- C 慣れよ

+αの攻略メモ　エリトラは正確にはグライダーのように滑空しているだけ。高度は下がるだけだけど、ロケット花火を使うと上方にも進めるよ。

317日目 算数

もくひょう ⏱60秒　クリアした日 □月□日

▶ スティーブとアレックスとアリが、ゾンビ、クリーパー、ハスクと1対1で戦うよ。
対戦する組みあわせはぜんぶで何とおりあるかな？

スティーブ

ぼくがアレックスやアリと戦うことはないよ

ゾンビ

アレックス

? VS ?

クリーパー

アリ

ハスク

全員相手でも1人ずつならたおせるかも！

こたえ
　　　とおり

318日目 算数

⏱ 20秒　クリアした日　□月□日

▶ 家から洞窟までトロッコで行こう。1秒間に8マス進むトロッコで x 秒進んだら240マス進んでいたよ。これを式で表すとどうなるかな？

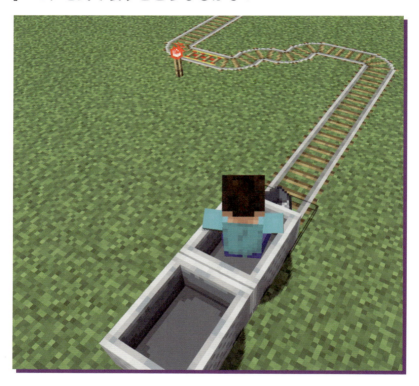

A $8 \times x = 240$

B $8 \times 240 = x$

C $x \div 8 = 240$

319日目 国語 🕐 10秒

▶「自分は氷雪バイオームスタートだったから、草原バイオームスタートの友だちがうらやましい。となりの芝生は（　　）見えるよね」
カッコに入る言葉は何かな？

他人のものはよく見えることが多いね

こたえ

320日目 算数

もくひょう ⏱20秒　クリアした日 ☐月☐日

▶ジャングルにいたオウムを数えたら、赤いオウムが63羽、青いオウムが21羽だった。赤いオウムと青いオウムの数の比率は何対何かな？　もっともかんたんな比にしてね。

63羽いるよ

21羽いるよ

こたえ

☐ : ☐

321日目 理科

もくひょう ⏱10秒　クリアした日 ☐月☐日

▶マイクラの植物も光がないと成長できないね。日光によって植物は何をつくっているかな？

A 水

B でんぷん

C 二酸化炭素

316　+αの攻略メモ　マイクラの植物も光がないと成長しないけど、マイクラでは日光と松明の光に差がない。明るさが9あればいいので、地下でも5マスごとに松明を置けば地上と変わりなくなるよ。

322日目 算数

もくひょう 60秒

▶ アレックス、ゾンビ、ウマが、1列にならぶよ。
ならび方はぜんぶで何とおりあるかな？

図を書いて数えるのがよさそうだね

こたえ　　　とおり

もくひょう ⏱10秒　クリアした日　　月　　日

▶ マイクラの村には畑があるね。ここからどれくらいの作物がとれるんだろう。豊臣秀吉が全国の田畑の広さをはかって、その土地からとれる米の量を調べたことを何といったかな？

収穫できる米の量のことを石高という単位で表したよ

こたえ

+αの攻略メモ　いらない作物はコンポスターにいれることで、骨粉になる。骨粉は植物を成長させてくれるよ。つまり肥料にできるということだね。

算数

もくひょう ⏱ 60秒

クリアした日 　月　日

▶ 小麦とニンジンとジャガイモを植えた畑から、小麦が36個、ニンジンが54本、ジャガイモが132個収穫できたよ。
小麦とニンジンとジャガイモの数の比率は？

ぜんぶの数を割ることができる数を探してかんたんな比にしよう！

こたえ

　：　：　

こたえ　358ページ

325日目 英語

もくひょう ⏱10秒　クリアした日　　月　　日

▶ "Turtles live in the (　　　)."

友だちに "Where do turtles live?"（カメはどこに住んでいるの？）と聞かれたから、こうこたえたよ。カッコにあてはまる言葉はどれかな？

liveは住むという意味の英語だね

A sea

B ground

C sky

326日目 国語

もくひょう ⏱10秒　クリアした日　　月　　日

▶「めずらしい地形を見つけたのに、座標をメモし忘れて行けなくなっちゃった」

この文の形容詞はどれかな？

A めずらしい

B 忘れて

C 行けなくなっちゃった

+αの攻略メモ　カメは砂浜に卵を生みつける。そこからかえったカメは自分の生まれた場所を覚えていて、大人になるとその場所に帰ってきて卵を生むよ。

327日目 算数

もくひょう ⏱10秒　クリアした日　□月□日

▶ 4種類の動物（ウシ、ヒツジ、ニワトリ、ネコ）から3種類の動物を選んで飼うことにしたよ。
選び方は何とおりあるかな？

図を書いてみるといいよ

こたえ　　　　とおり

328日目 社会

もくひょう ⏱10秒　クリアした日 ☐月☐日

▶ 木材をたくさん使って五重塔をつくったよ。日本でもっとも古い木造建築のお寺に五重塔があるんだけど、そのお寺は何かな？

こたえ

329日目 算数 ⏱20秒

▶ 鉄ブロックが3個置いてあるよ。1個のブロックのたて、よこ、高さがそれぞれ1mのとき、この3個のブロックの体積の合計は何cm³になるかな？

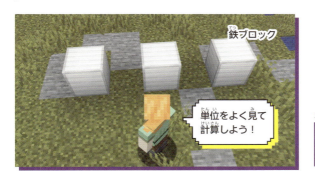

単位をよく見て計算しよう！

こたえ ___ cm³

330日目 理科 ⏱10秒

▶ 海に潜って探索していると、たくさんのコンブを見つけたよ。コンブやワカメのことを何という？

A 海虫
B 海藻
C 水草

算　数

もくひょう **20秒**　クリアした日　□月□日

▶ 4×4の16マスの床にチェスト2つ、ベッド、作業台、かまどを1個ずつ置いたよ。この部屋とおなじ配置なのは下の3つの画像のうちどれ？

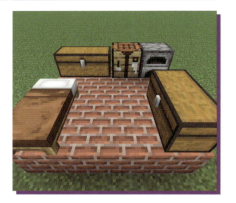

A

B

C

画像を頭の中で回転させて考えてみよう

+αの攻略メモ　メサの台地はテラコッタでてきている。色は限定されるけど、つくると大変なテラコッタがとり放題というわけだ。

 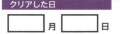

332日目 国語 もくひょう 10秒

▶「今日こそはクリーパーをたおすぞ。（　　）発起して装備をつくり、夜のメサに探索に入った」
カッコにあてはまる言葉はどれかな？

A 信念
B 一年
C 一念

333日目 理科 もくひょう 10秒

▶動物は食べものを食べることによって、体の中に何をとり入れているかな？

A 養分
B 日光
C 酸素や二酸化炭素

334日目 国語 もくひょう 15秒 クリアした日 [ ]月[ ]日

▶「村人から手に入れた貴重なネザライトの防具を身につけ、ほこらしげに友だちとのマルチプレイに参加した」
「ほこらしげに」が修飾している言葉はどれ？

友だちにこの装備を自慢しちゃおうかな！

A 友だち
B マルチプレイ
C 参加した

335日目 理科 もくひょう 10秒 クリアした日 [ ]月[ ]日

▶ ボートに乗ってもボートはしずまずに海に浮いているよね。これはボートにどんな力が加わっているから？

おなじ体積でくらべたとき、水より浮いている物のほうが軽いということだね

A 推進力
B 風力
C 浮力

326 +αの攻略メモ　ボートとチェストを合体クラフトすれば、チェストつきボートになるよ。アイテムを運べる代わりに、モブは乗せられなくなる。

336日目 算数

▶ アイテムが増えてきて、部屋がせまくなったから、部屋を広くしたよ。
画像の右側の部屋は、左側の部屋とくらべて何倍大きくなっているかな？

4マス分 / 6マス分

こたえが小数になる可能性もあるよ

こたえ　　　　　倍

もくひょう **10秒** クリアした日 　月　日

▶ 金閣寺を参考にして下の画像のようなお寺をつくったよ。室町時代に建てられた、正式名称を鹿苑寺というこのお寺をつくったのはだれ？

こたえ

338日目 英語

▶ "How many cookies do you have?"

英語を話す友だちとオンラインプレイしていたら、友だちが聞いてきたよ。何てこたえたらいいかな？

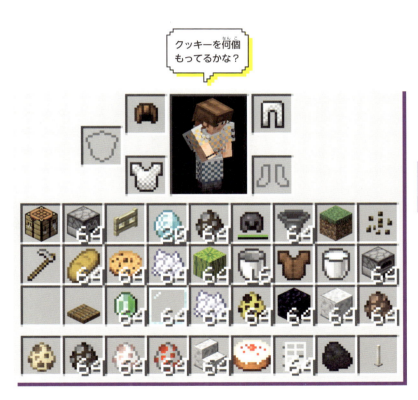

クッキーを何個もってるかな？

A six four　**B** sixty four　**C** sixteen four

算数

もくひょう ⏱ 60秒　クリアした日 □月□日

▶ TNTで下の画像のような立体をつくったよ。仮に1つのTNT（立方体）の1辺が3cmのとき、この立体の体積を求めよう。

こたえ

　　　　cm³

340日目　理科　もくひょう ⏱15秒　クリアした日　月　日

▶ 荒野に来たら地面が色とりどりの層になっているのを見つけたよ。現実でもがけや海岸などで見られる、地面が層状になっているものを何という？

色がちがうということは地面の成分などがちがうのかも

こたえ

▶ 夜中に「カチカチ」と音が聞こえたら、きっとそれはゾンビが家のドアをたたいている音。絶対にドアを開けないようにしよう。「カチカチ」のように、ものごとの状態を音で表した言葉を何というかな？

家の中からどんな人が出てくるかドキドキするな

A 擬音語　**B** 被修飾語　**C** 擬態語

村に来たゾンビは扉をたたいてこわそうとする。こわせるのは木の扉だけなので、不安なら鉄の扉に交換しよう。

342日目 算数

もくひょう ⏱20秒　クリアした日 ☐月☐日

▶「水中呼吸のポーション」を1個使うと3分間水中で呼吸ができるようになるよ。これを x 個持っていき、効果が切れたらつぎのポーションを使っていくと、2時間水中で呼吸できたよ。何個ポーションを持っていったかな？　x にあてはまる数字をこたえよう。

問題に時間が出てきたら、単位に注目しよう

こたえ ☐ 個

343日目 社会

もくひょう ⏱ 10秒　クリアした日 　月　日

+αの攻略メモ　この画像も影ModのOptFineを使っているよ。ゲームの動作を軽くするプログラムでもあるので、設定で影などを減らすとModを使う前よりもサクサク動作することもある。

▶聖武天皇の発願で建てられ、752年に完成した奈良にあるお寺は何？ 大きな大仏があることでも有名だよ。

このお寺にある大仏は高さが15mもあるよ

こたえ

こたえ 360ページ

理科 ― もくひょう ⏱10秒

▶ さまざまな土や岩が層になっているのを見つけたよ。もし現実の世界だったら、A〜Cの中でいちばん古い部分はどこかな。

地層を調べることで、昔の地球の環境がわかるよ

+αの攻略メモ　略奪者であるピリジャーがわく基地はだいたい村の近くにつくられる。だから、何もしなくても略奪者が村に来ることも少なくないよ。

345日目 国語 ⏱20秒

▶「村でこうえきしてたら、突然略奪者におそわれた。びっくりして寿命がちぢむかと思った」
①こうえき ②ちぢむ を漢字で書こう。

いきなりおそわれてびっくり！

こたえ
❶　　　　❷

こたえ　360ページ

346日目 社会

⏱ **10秒**

クリアした日 ☐月 ☐日

▶ 古墳とは3世紀から7世紀ごろ日本でつくられた古代のお墓だよ。いくつか種類があって、そのうちの1つをマイクラでつくったよ。何という種類の古墳かな？

大阪府にある仁徳天皇陵古墳が有名だね

A 前方後方墳　**B** 円墳　**C** 前方後円墳

+αの攻略メモ：マイクラの花は生成されるバイオームが決まっているよ。なかでもヒマワリはレアな地形であるヒマワリ平原にしか咲かないので、見つけづらい花だ。

▶ 白い花のスズラン、黄色い花のタンポポ、赤い花のポピー、青い花のヒスイランを左から1本ずつならべたとき、ならべ方はぜんぶで何とおりあるかな？

こたえ

とおり

348日目　国語　もくひょう 10秒　クリアした日 ▢月▢日

▶「ウィザーがぜんぜんたおせない……。友だちと作戦会議をしたら、ようやく話が煮詰まってきた」
この文章の「煮詰まる」はどういう意味？

- **A** 料理の具材が煮える
- **B** 行きづまる
- **C** 解決策が見つかる

349日目　英語　もくひょう 10秒　クリアした日 ▢月▢日

▶ マイクラをしに来た友だちにお母さんを「彼女は私のお母さんだよ」と英語で紹介。カッコにはどれが入る？
"(　　) is my mother."

私は「I」、あなたは「You」だよ

- **A** He
- **B** She
- **C** It

340　＋αの攻略メモ　ウィザーは空を飛んで、地形破壊の球で爆撃するよ。村人や友好モブをおそうので、村の近くで召喚されると村が壊滅しちゃうかも。

350日目 算数　もくひょう 60秒　クリアした日　□月□日

▶ 家の屋根とかべをつくりたいよ。もっているアカシア、黄色のテラコッタ、オーク、シラカバの素材の中から、屋根の素材とかべの素材を1種類ずつ選ぶと、選び方は何とおりあるかな？ おなじ素材を選んでもいいよ。

こたえ

とおり

こたえ　361ページ

351日目 理科

もくひょう 10秒

▶暖炉をつくったよ。そしたら家に火が移っちゃって燃えてしまったよ。
家の素材をどれにかえたら燃え移りにくくなるかな？

炭素をふくみ、燃えるとこげて二酸化炭素を出すものを「有機物」、それ以外を「無機物」というよ

A 木材　**B** 羊毛　**C** レンガ

+αの攻略メモ　平地であればパワーレール1個は38マス分の推進力をもつよ。39マス目から速度が目に見えて落ちるから、38マス間隔で置くのがベストだよ。

算数

もくひょう ⏱ **30**秒

▶ 1秒間に8マス進むトロッコで32秒進んだよ。でもそのあとは1秒間に6マスしか進まなくなった。その状態で21秒進んだら、ぜんぶで何マス進んだことになる？

こたえ

マス

もくひょう ⏱ **10秒** クリアした日 □月 □日

▶ 竹林バイオームを冒険していたら、たくさんのパンダに出会ったよ。現実の世界で、パンダが生息している国はどこかな？

> 日本でもパンダに会える動物園があるよ

A 中国　**B** タイ　**C** インド

+αの攻略メモ　パンダは竹林バイオームにのみ生まれるレアモブ。性格が7種類あって、よく見ると顔つきがちがう。顔つきでどんな性格かわかるしくみだよ。

354日目 算数

もくひょう 30秒

▶ 鉄のツルハシをつくるのに木の棒が2本、鉄インゴットが3個いるよ。46本の木の棒をぜんぶ使ってツルハシをつくるには、鉄インゴットは何個いるかな？

木の棒をぜんぶ使ってツルハシをつくろう！

こたえ 　　　個

355日目 英語 もくひょう 10秒 クリアした日 ／月 ／日

▶ 肉屋のチェストから生の羊肉を手に入れた。さて、つぎの中で羊肉を表す英語ではないものはどれ？

A lamb（ラム）

B pork（ポーク）

C mutton（マトン）

356日目 理科 もくひょう 10秒 クリアした日 ／月 ／日

▶ マイクラの世界にはキツネとおなじイヌ科の動物がほかにもいるよ。つぎのうちどれかな？

A ネコ

B オオカミ

C ラクダ

+αの攻略メモ　砂漠の村には中央付近にかならずラクダがスポーンするよ。最初から鞍も付いているので、そのまま乗っていってもいいよ。ラクダ泥棒とはいわれないから安心してね。

 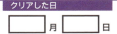

▶「釣りをしていて何か釣れたと思ってよろこんだけど、ただの腐った肉でがっかり。(　　　)してしまった」カッコに入る四字熟語はどれかな？

A 温故知新　**B** 七転八倒　**C** 一喜一憂

358日目 英語

もくひょう ⏱10秒　クリアした日 □月□日

▶「お父さんとお母さんはマイクラが好き」を英語にするとどうなる？　カッコにあてはまる英語を選ぼう。

"My (　　　　　) like Minecraft. So we played Minecraft together."

A father and mother

B brother and mother

C sister and mother

359日目 社会

もくひょう ⏱10秒

▶ 奈良時代には大仏づくりがさかんにおこなわれたよ。このころの文化のことを何という？

A 天平文化　**B** 奈良文化　**C** 飛鳥文化

こたえ 362ページ

▶「採掘地に到着したらゾンビやクリーパーがたくさんいたよ。TNTを使って敵を（　　　　）にしたいな」
カッコに入る四字熟語はどれかな？

A 千差万別　B 一網打尽　C 一生懸命

361日目 算数

⏱ 60秒

▶ モンスターから身を守るために2か所にかんたんな家をつくったよ。1つはたて7マス、よこ10マス、高さ4マスの直方体。もう1つはたて12マス、よこ24マス、高さ11マスの直方体。1マスの長さが1mだった場合、この直方体2つの合計の体積は何m³になるかな？

> 避難場所はたくさんあるほうがいいね

こたえ

☐ m³

362日目 国語 ⏱10秒

▶「夜が来て　ベッド忘れて　ゾンビ来る
穴を掘りつつ　朝を待つのみ」

マイクラをしていたら、お父さんがつぶやいたよ。このように五七五七七の音でできたものを何というかな？

A 俳句　**B** 短歌　**C** 短詩

+αの攻略メモ　ゾンビは朝になると燃え出す。戦うのが不安なら、自分のまわりを土などでふさいで朝まで待てばOKだ。穴を掘って天井をブロックでふさぐのもかんたんでおすすめ。

363日目 算数

▶ いつも鉱石を掘りに家から洞窟まで歩くんだけど、現実だったら大変だよね。仮にその道のりが9kmだったとして、歩く速さを時速 x km、かかる時間を y 時間とするよ。$x=6$ のとき、y は何時間何分？

x が○倍になったとき、y は○分の1倍になる関係を反比例というよ

こたえ

1 時間 30 分

364日目 英語 もくひょう 15秒 クリアした日 月 日

▶ マイクラでは満腹度が6以下だと速く泳げないよ。泳ぐを英語にするとswimだけど、「泳ぐこと」は英語でどう書くかな？

こたえ

365日目 理科 もくひょう 10秒 クリアした日 月 日

▶ チューリップをたくさん育てているよ。現実でも植物が育つには水が必要だね。根からとり入れた水を水蒸気として葉から出すことを何という？

植物が根からとり入れた水は、茎を通って葉に運ばれるよ

A 気孔
B 発散
C 蒸散

+αの攻略メモ　マイクラでは、作物を育てるには水が必要だけど花には必要ないよ。骨粉を使うことで、まわりにアイテム化された花がドロップされるよ。

366日目 英語

もくひょう ⏱30秒　クリアした日　月　日

▶ 英語には位置関係を表す言葉がたくさんあるよ。アレックスと家との位置関係が、正しい英語で表されているものはどれかな？

A on the house

B by the house

C in the house

onやbyやinなどの言葉を「前置詞」というよ

レベル 6

こたえ　362ページ

レベル6 こたえ

300日目 ▶ P298

A（平等院）

平等院は藤原頼通が建てた平安時代の建物だよ。とくにその中にある鳳凰堂は、屋根に鳳凰の装飾があることで有名だよ。

301日目 ▶ P300

190個

式）$100 \div 10 = 10$
$10 \times 5 = 50$
$50 \div 10 = 5$
$5 \times 5 = 25$
$25 \div 10 = 2 \cdots 5$
$2 \times 5 = 10$
$10 \div 10 = 1$
$1 \times 5 = 5$
$100 + 50 + 25 + 10 + 5$
$= 190$

まずは、もともとある100個のパンを食べきるまでに何回パンを新しくつくったか考えよう。10個食べたらパンを1回つくるから、10回パンをつくることになるね。つぎに何個のパンをつくったか考えよう。10回でつくることになるパンの数は50個だね。おなじような考え方でこれをくりかえして、ぜんぶを足すと190個になるよ。

302日目 ▶ P301

B（絵画）

「絵」も「画」も物の形を描き表したものという意味があるよ。

303日目 ▶ P302

B（What's this?）

What's that? は「あれは何？」、What's the time? は「何時？」という意味だよ。

304日目 ▶ P303

B（SDGs）

SDGsとは世界中の人々と地球のために、2030年までに達成したい17のもくひょうのことだよ。

305日目 ▶ P304

A（縄文時代）

弓矢は縄文時代から使われていて、戦国時代に火縄銃が登場するまで武器の主流だったんだよ。

306日目 ▶ P305

A（認）

「認」という漢字は、「言」「刃」「心」でできているよ。

356

307日目 ▶ P305
3:2
6と4は両方とも2で割ることができるから、3:2になるね。

308日目 ▶ P306
360㎤
式) **(2×3)×(2×3)×(2×5)=360**

309日目 ▶ P307
C (Whose)
「What」は何、「Where」はどこという意味だね。

310日目 ▶ P307
石
「石の上にも三年」は長くしんぼうしていれば、いつかは成功するという意味のことわざだよ。

311日目 ▶ P308
B
「M」をぴったり重なるように折るには、たて半分にしたらいいね。

312日目 ▶ P309
酸素
ものが燃えるためには酸素が必要だよ。

313日目 ▶ P310
C (四角形)
正面から見ると三角形に見えるけど、上から見ると四角形になっているよ。

314日目 ▶ P311
C (米)
湿気や食害を防ぐために高床式倉庫がつくられて、米が保管されていたよ。

315日目 ▶ P312
C (winter)
springは「春」、fallは「秋」という意味だよ。

316日目 ▶ P312
C (慣れよ)
「習うより慣れよ」は、ものごとは人に教わったり本で学んだりするより、実際にやって慣れたほうが身につくという意味だね。

317日目 ▶ P313
9とおり
（アレックス・ゾンビ）
（アレックス・ハスク）
（アレックス・クリーパー）
（スティーブ・ゾンビ）
（スティーブ・ハスク）
（スティーブ・クリーパー）
（アリ・ゾンビ）
（アリ・ハスク）
（アリ・クリーパー）
の9とおりだよ。

318日目 ▶ P314
A（8×x＝240）
1秒間に進む距離のx倍だから、8×x＝240になるよ。

319日目 ▶ P315
青く
「となりの芝生は青く見える」は、他人のものが何でもうらやましく思えることだよ。

320日目 ▶ P316
3：1
63と21を21で割ると3と1になるから、かんたんな比は3：1になるよ。

321日目 ▶ P316
B（でんぷん）
植物は光によって、でんぷんと酸素をつくるよ。

322日目 ▶ P317
6とおり
（アレックス・ゾンビ・ウマ）
（アレックス・ウマ・ゾンビ）
（ゾンビ・アレックス・ウマ）
（ゾンビ・ウマ・アレックス）
（ウマ・アレックス・ゾンビ）
（ウマ・ゾンビ・アレックス）
の6とおりだね。

323日目 ▶ P318
太閤検地
豊臣秀吉が行った全国的な検地のことをこう呼ぶ。ちなみに「太閤」は秀吉のことを指しているよ。

324日目 ▶ P319
6：9：22
36、54、132はすべて6で割ることができるから、6：9：22になるよ。

358

325日目 ▶ P320
A (sea)
groundは「地面」、skyは「空」という意味だよ。

326日目 ▶ P320
A (めずらしい)
形容詞は、名詞を修飾するときに使う言葉で、いい切りの形が「い」で終わるよ。

327日目 ▶ P321
4通り

328日目 ▶ P322
法隆寺
法隆寺は飛鳥時代に建てられた木造の建物だよ。

329日目 ▶ P323
3000000㎤
式) **100×100×100×3**
　　=3000000
1m=100cmだよ。

330日目 ▶ P323
B (海藻)

331日目 ▶ P324
A
この部屋の真ん中を中心にして回転してもおなじ部屋なのは、Aだね。Bはベッドの向きが異なっていて、Cは作業台とかまどの位置、チェストの向きが異なっているね。

332日目 ▶ P325
C (一念)
「一念発起」とは、あることを成しとげようと強く心に決めることだよ。

333日目 ▶ P325
A (養分)
食べものからとり入れるものはたんぱく質や炭水化物などの養分だね。

334日目 ▶ P326
C (参加した)

335日目 ▶ P326
C (浮力)

336日目 ▶ P327
2.25倍
式) (6×6)÷(4×4)=2.25

337日目 ▶ P328
足利義満

338日目 ▶ P329
B (sixty four)
How many cookies do you have? は何個のクッキーをもっていますかという意味だよ。64を英語でいうとsixty fourだね。

339日目 ▶ P330
324cm³
式) (3×3×3)×12=324

340日目 ▶ P331
地層
地層とは、異なる種類の岩石や土が重なってできた層のことだよ。

341日目 ▶ P332
A（擬音語）

342日目 ▶ P333
40個
式) $3×x=120$
　　　$x=120÷3$
　　　$x=40$
2時間=120分。

343日目 ▶ P334
東大寺
聖武天皇は仏教の力で国を治めるために東大寺をつくったよ。

344日目 ▶ P336
C
地層は下にいけばいくほど古くなるよ。

345日目 ▶ P337
①交易　②縮む

346日目 ▶ P338
C（前方後円墳）
前が四角、後ろが円だから、前方後円墳というよ。

347日目 ▶ P339
24とおり
図を書くと4種類の花それぞれに6とおりのならべ方があるから、24とおりになるよ。

348日目 ▶ P340
C（解決策が見つかる）
「煮詰まる」は考えなどを出し尽くして、結論が出せる状態になったという意味だよ。

349日目 ▶ P340
B（She）
Heは「彼」、Itは「それ」という意味だよ。

350日目 ▶ P341
16とおり
式）**4×4＝16**
4つの屋根の素材と4つのかべの素材を組みあわせるからぜんぶで16とおりだよ。

351日目 ▶ P342
C（レンガ）
レンガは土を固めて焼いたもので、燃えにくいよ。

352日目 ▶ P343
382マス
式）**(8×32)＋(6×21)＝382**
8マス進んだときと、6マス進んだときを足せばいいね。

353日目 ▶ P344
A（中国）
パンダは中国の高山地帯に生息しているよ。

354日目 ▶ P345
69個
式）**46÷2＝23**
　　23×3＝69

355日目 ▶ P346
B（pork ポーク）
lamb（ラム）は子ヒツジの肉、mutton（マトン）は大きく育ったヒツジの肉のことだよ。porkはブタの肉だね。

356日目 ▶ P346
B（オオカミ）

レベル
6

361

357日目 ▶ P347
C（一喜一憂）
「一喜一憂」は少しのことで喜んだり悲しんだりすることだね。

358日目 ▶ P348
A（father and mother）
「brother」は兄弟、「sister」は姉妹という意味だね。

359日目 ▶ P349
A（天平文化）
奈良の平城京を中心に栄えた文化だよ。

360日目 ▶ P350
B（一網打尽）
「一網打尽」は悪者や犯人をいっせいにつかまえることだね。

361日目 ▶ P351
3448㎥
式) $7 \times 10 \times 4 = 280$
　　$12 \times 24 \times 11 = 3168$
　　$280 + 3168 = 3448$

362日目 ▶ P352
B（短歌）
短歌は五七五七七の五句の一種で、三十一音を基準とした歌だよ。

363日目 ▶ P353
1時間30分
式) $y = 9 \div 6 = 1.5$
　　$60 \times 1.5 = 90$
90分＝1時間30分だから
1時間30分かかるね。

364日目 ▶ P354
swimming
泳ぐことは英語で「swimming」というよ。

365日目 ▶ P354
C（蒸散）
植物が根から取り入れた水を気孔から大気中に出すことを「蒸散」というよ。

366日目 ▶ P355
B（by the house）
onは上、inは中、byは側を表す前置詞だよ。

> おめでとう！
> ついに全問クリアだね。
> これできみも
> マイクラクイズマスターだ！

頭がよくなるパズル ❻ プログラミングのきほん教室

マインクラフトは、プログラミングの勉強になるって知ってた？
マインクラフトで学べるプログラミングのきほんを、
パズルといっしょに教えちゃうよ！

問題提供：陰山ラボ・アネットライズ

マイクラの現在地は「座標」でわかる！

> 画面の左上に出てくる数字が座標だよ

位置: -387, 85, 112

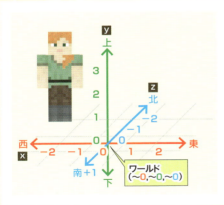

座標は、位置を3つの数字で示すもの。コンピューター上でなにをどこに置くか指定するときにかならず使うんだ。マインクラフトでも、プレイヤーの位置やブロックの位置はすべて座標で表すことができるよ。
マイクラ世界の座標はそれぞれ、東西を示すx座標、地上と地下を示すy座標、南北を示すz座標という3つの数字で表されるよ。

おさらい❶

座標とはつぎのうちどれ？

A ブロックやアイテムを見分ける番号のこと

B プレイヤーの体力・攻撃力・経験値を示す数字

C プレイヤーやブロックの位置を示すもの

今いる場所から動くときは「相対座標」

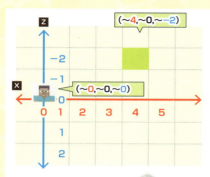

※地上・地下を表すy軸は省略してあります。

マイクラの座標には、相対座標と絶対座標の2種類があるよ。
相対座標は自分（コマンドを入力する人）から見てどの位置にあるかを表すものなんだ。相対座標のときは、（〜x, 〜y, 〜z）のように、「〜」をつけた数字で表すよ。
コマンドとは命令のようなもの。チャット画面で、相対座標を入れて実行すると、プレイヤーは今立っている位置からその位置までテレポートしたり、自分の位置を基準にしたある位置にモブを召喚したりできるんだ。

指定の場所に行きたいときは「絶対座標」

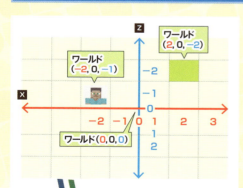

※地上・地下を表すy軸は省略してあります。

絶対座標は、マイクラの世界で決められた中心（0, 0, 0）から見てどの位置にあるかを表すもの。絶対座標を入力するときは、座標の前に「ワールド」をつけるか、単に(x, y, z)と表すんだ。
絶対座標を使ってコマンドを入力すると、指定した場所にブロックを設置したり、指定した位置にテレポートしたりできるよ。

相対座標と絶対座標、うまく使いこなすことがマイクラマスター＆プログラミングのきほんの第一歩だよ！

364

おさらい❷

x座標に2を入れると?

- **A** 東に2マス進む
- **B** 西に2マス進む
- **C** 北に2マス進む

おさらい❸

相対座標とはつぎのうちどれ?

- **A** マイクラの世界の中で決められた中心から、東西、上下、南北に何マス分かを表すもの
- **B** コマンドを入力する人の位置から、東西、上下、南北に何マス分かを表すもの
- **C** 敵の攻撃力、体力、経験値を3つの数字で表したもの

おさらい❹

絶対座標とはつぎのうちどれ?

- **A** マイクラの世界の中で決められた中心から、東西、上下、南北に何マス分かを表すもの
- **B** コマンドを入力する人の位置から、東西、上下、南北に何マス分かを表すもの
- **C** 敵の攻撃力、体力、経験値を3つの数字で表したもの

マイクラの地図だと、よこがx座標、たてがz座標になるよ。左に行くとx座標はマイナス(西)に、右に行くとプラス(東)になるよ。上に行くとz座標がマイナス(北)、下に行くとプラス(南)。y座標は地上か地下だから地図ではわからないね

おさらい 5

ワールド（1, 0, 3）の座標にブロックを置こう。
A〜Cのうち、正しい位置にあるのはどれ？

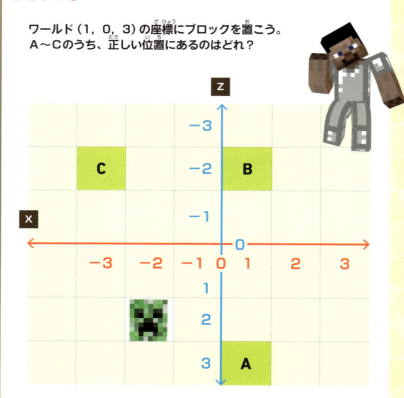

※地上・地下を表すy軸は省略してあります。

おさらい 6

上の図の中で、クリーパーがいる座標はどれ？

A （−3, 0, −1）

B （−2, 0, 2）

C （−1, 0, −3）

おさらい❼

下の画面はワールド（2048，64，64）の座標だよ。
この世界の中心から見て、東西に何マス、
地上か地下に何マス、南北に何マス進んだ位置かな？

A 西に2048マス、地上に64マス、南に64マス

B 東に2048マス、地上に64マス、南に64マス

C 東に2048マス、地下に64マス、北に64マス

監修者　陰山英男（かげやま　ひでお）

陰山ラボ代表、教育クリエイター。NPO法人日本教育再興連盟 代表理事。1958年、兵庫県生まれ。岡山大学法学部卒業後、小学校教師として勤務する中で、反復学習で基礎学力向上を目指す「陰山メソッド」を確立し、脚光を浴びる。現在は全国各地で学力向上アドバイザーを務めている。著監修書に『徹底反復』シリーズ（小学館）、『かってに頭がよくなる毎日なぞなぞ』（西東社）など多数。

問題提供	陰山ラボ、アネットライズ
カバーデザイン	村口敬太（Linon）
カバーイラスト	ヒロノクルミ
本文デザイン	中村理恵
DTP	Yuivie Design Studio、Project KK、 高 八重子、センターメディア
問題作成	株式会社一校舎、近藤奈央、畠山ちなつ、弓場一樹、 中谷 晃
作品提供	うが＜YouTubeアカウント @うがマイクラ建築＞ FMY(フミー)＜Xアカウント @Ashitsurimyojin＞
マインクラフト・編集協力	Project KK

この本のご利用にあたって
この本は、Minecraft（マインクラフト）公式製品ではありません。この本の内容は編集部が独自に調べたものでMojangとは関係ありません。お問い合わせなどをなさらないようにお願いします。

本書の執筆バージョンについて
情報は統合版1.20を基本としており、各種データや挙動はアップデートにより変更となる可能性があることをご了承ください。

商標
Minecraftは、Mojang Synergies ABの商標または登録商標です。
(C) 2024 Mojang AB. All Rights Reserved. Minecraft, the Minecraft logo, the Mojang Studios logo and the Creeper logo are trademarks of the Microsoft group of companies.

マインクラフトで頭がよくなる
学べるクイズ366日

2024年12月25日発行　第1版
2025年 7 月15日発行　第1版　第3刷

監修者	陰山英男
発行者	若松和紀
発行所	**株式会社 西東社** 〒113-0034　東京都文京区湯島2-3-13 https://www.seitosha.co.jp/ 電話　03-5800-3120（代）

※本書に記載のない内容のご質問や著者等の連絡先につきましては、お答えできかねます。

落丁・乱丁本は、小社「営業」宛にご送付ください。送料小社負担にてお取り替えいたします。本書の内容の一部あるいは全部を無断で複製（コピー・データファイル化すること）、転載（ウェブサイト・ブログ等の電子メディアも含む）することは、法律で認められた場合を除き、著作者及び出版社の権利を侵害することになります。代行業者等の第三者に依頼して本書を電子データ化することも認められておりません。

ISBN　978-4-7916-3381-4